Liebe Leserin, lieber Leser,

über kaum eine Frage im Leben ihrer Kinder zerbrechen sich Eltern den Kopf stärker als über die Wahl der richtigen Schule. Das gerät häufig zur Qual – manchmal in Ermangelung guter Alternativen, manchmal, weil sich das Angebot stark erweitert hat. Häufiger als früher kommen neben den staatlichen Schulen auch private in Betracht, von christlich geprägt bis reformpädagogisch. Die Nachfrage ist enorm: Mehr als jeder zweite Betroffene, so ergab jüngst eine Umfrage, würde sein Kind gern auf eine Privatschule schicken – obwohl dieses Etikett nicht per se für Qualität bürgt.

ABER DIE UNZUFRIEDENHEIT MIT DEM STAATLICHEN BILDUNGSSYSTEM ist groß. Ursache dafür sind nicht nur mittelmäßige Lehranstalten und überforderte Pädagogen, sondern auch die ebenso hohen wie berechtigten Ansprüche der Eltern: Bildungschancen sind heute mehr denn je Lebenschancen. Und die Bildungspolitik? Sie reibt sich an Strukturfragen auf, streitet über das Abitur nach acht Jahren oder darüber, wie lange die gemeinsame Grundschulzeit dauern sollte. Jedes Bundesland geht dabei eigene Wege – und zwar am Elternwillen vorbei, denn neun von zehn Erziehungsberechtigten sprechen sich für eine Vereinheitlichung des deutschen Bildungssystems aus. Sie wissen: Qualität entsteht nicht allein aufgrund bestimmter Strukturen, sondern vor allem vor Ort, in den einzelnen Einrichtungen. Daher müssen die zwei inhaltlich besonders wichtigen Probleme in den Fokus rücken: die größer werdenden Unterschiede zwischen den Schülern sowie die oft mangelnde Qualität der Lehrer.

MIT DER HETEROGENITÄT DER SCHÜLER RICHTIG UMZUGEHEN ist die derzeit wohl größte Herausforderung. Zumal es sich ein Land wie Deutschland, das keine anderen Ressourcen hat als jene in den Köpfen seiner Menschen, kaum leisten kann, Kinder zurückzulassen. Derzeit garantiert unser Bildungswesen aber nicht einmal ein Minimum an Kompetenzen: Etwa jeder zwölfte Jugendliche in Deutschland verlässt die Schule ohne Abschluss, quasi als funktionaler Analphabet. Um das zu ändern, muss vor allem der Primarbereich gestärkt werden. Ein Vorbild dafür ist das „Bildungshaus 3–10", die wohl radikalste Bildungsinnovation der letzten Jahre. Dafür werden in Baden-Württemberg Kindergärten und Grundschulen zusammengelegt und verzahnt. Die Kinder sollen, bei intensiver Betreuung, spielen und lernen – jedes nach seinem Entwicklungsstand und, anders als bislang, unabhängig vom Lebensalter. Auf diese Weise erhalten die Schwächeren mehr Zeit für ihre Entwicklung, und die Spitzenleister können eigene Wege gehen, die sie mehr fordern als ein Unterricht im Gleichschritt. Für erste Ergebnisse ist es noch zu früh, daher haben wir für diese Ausgabe ein ähnliches Projekt in der Schweiz besucht, die Primaria in St. Gallen.

NR. 41

Zum Thema »Schule« empfehlen wir auch die bereits erschienene Ausgabe »Pubertät«, die im ausgewählten Zeitschriftenhandel oder unter www.geo.de erhältlich ist

KLAR IST ABER AUCH: REFORMEN KÖNNEN NUR SO GUT WIE DIE PÄDAGOGEN SEIN, die sie tragen. Ein Problem ist deren Ausbildung. Viele Studierende merken oft erst viel zu spät, dass sie die falsche Berufswahl getroffen haben; dennoch werden sie an der Universität meist mit durchgezogen. Ebenso wichtig ist eine bessere Ausbildung der Rektoren. Denn ohne gute Lehrer *und* ohne eine gute Leitung wird es keine gute Schule geben. Ziel aller Reformanstrengungen kann nicht eine Einheitsschule sein, sondern eine Schulvielfalt für die Vielfalt an Kindern; daher muss es mehr Autonomie geben. Einige solcher vorbildlicher Lehranstalten gibt es bereits, wie diese Ausgabe von GEO WISSEN zeigt. Möglichst viele andere Schulen sollten sich so frei fühlen, von ihnen zu lernen. Gern auch durch Nachahmung.

Herzlich Ihr

Claus Peter Simon
Geschäftsführender Redakteur

132 Ausland Oke Alff war ein Jahr in Neuseeland: um das Land zu erkunden, sein Englisch zu verbessern – und Hockey zu spielen. Oke und sechs weitere Schüler schildern ihre Erfahrungen.

150 Internat Am St. Donats Castle in Wales lernen 350 Schüler aus fast 80 Nationen. Aber sie pauken nicht nur ihren Stoff – sondern werden zu sozial engagierten Weltbürgern erzogen.

DOSSIER:
Reformschulen
Internate
Privatschulen

• Ihre Pädagogik
• Ihre Stärken und Schwächen
• Ihre Kosten   ab Seite **107**

INHALT

WEITERE BEITRÄGE ZUM THEMA FINDEN SIE UNTER GEO-WISSEN.DE SOWIE UNTER GEO.DE/SCHULE

Titelbild: Andreas Reeg; Impressum: Seite 63; Bildnachweis: Seite 125; Vorschau: Seite 162; Redaktionsschluss: 23. Oktober 2009

SCHULBEGINN

DER ERSTE

Jahr für Jahr werden weltweit rund 140 Millionen Jungen und Mädchen
eingeschult – für Kinder wie Eltern ein einschneidendes Ereignis. Wie es zugeht bei diesem
Schritt ins Leben, haben Fotoreporter in zehn Ländern festgehalten

TAG

Gemeinsam auf
große Fahrt

Was Vertreter der Kultus-
ministerien an anderen Schulen
vermutlich als großartige Lernreform
verkünden würden, ist für Merle
Nour Dell Missier, 6, von nun an
Alltag: An ihrer Schule auf der Hallig
Hooge im nordfriesischen Watten-
meer unterrichtet ein Lehrer sechs
Kinder aus mehreren Jahrgängen
in einem Raum; Merle ist die einzige
Erstklässlerin. Wenn sie später auf
eine weiterführende Schule gehen
will, muss sie aufs Festland ziehen.
Wird die Hallig überschwemmt, was
mehrfach im Jahr vorkommt, bleiben die Kinder daheim auf den
Warften, den sturmsicheren Erhe-
bungen, und lernen für sich

PAPUA-NEUGUINEA

Die Tradition achten

Zum Schulbeginn – und fortan jeden Dienstag – treten die Eleven der Grundschule von Lelehoa auf dem Schulhof an, und einer von ihnen hisst die Nationalflagge. Sie sind dann traditionell gekleidet, mit Kopfschmuck und Röcken aus Blättern des Pandanusbaumes. Das soll sie an die Bräuche ihrer Vorfahren erinnern. Die ersten Lehranstalten auf der Insel im Südwestpazifik wurden von Missionen gegründet, die auch heute noch zahlreiche Grundschulen betreiben. Dennoch besucht jedes dritte Kind aus ländlichen Gebieten keine Schule, vor allem Mädchen bleiben oft daheim. Viele staatliche Schulen schließen einfach, wenn die Regierung die Löhne der Lehrer nicht zahlt – oder das Geld auf dem Weg zur Auszahlung in irgendeinem dunklen Kanal verschwindet. Deshalb können in Papua-Neuguinea nur etwas mehr als 50 Prozent der Erwachsenen lesen und schreiben

MONGOLEI

Ein Schulbus auf vier Hufen

Zum letzten Mal an diesem Morgen legen die Eltern bei
Munkhbayasgalan Natsagdrorj, 6, Hand an – dann geht es
auf dem Pferderücken zum Appell auf den Schulhof. Die Vieh-
züchterfamilie lebt im Sommer in einer Jurte, einem traditio-
nellen Rundzelt. Die Schuluniform, den Haarschmuck und
den Rucksack haben die Eltern in der Hauptstadt Ulaanbataar
gekauft. Die fünf Kilometer zur Schule wird das Mädchen
künftig allein reiten. Das Pferd läuft gleich nach der Ankunft
in der Schule wieder zur Jurte zurück und trägt nach und nach
auch die drei anderen Geschwister zur Schule, die erst später
Unterricht haben. Am Nachmittag wiederholt sich der Pferde-
Shuttle in umgekehrter Richtung. Die Schulpflicht ist in der
Mongolei erst kürzlich auf neun Jahre angehoben worden,
doch viele Kinder brechen die Schule vorzeitig ab. Der Besuch
ist zwar kostenlos, aber viele Nomadenfamilien können sich
nicht einmal Schulkleidung, Bücher und Hefte leisten

GRÖNLAND

Eine Feier für die Überlebenden

Die Einschulungszeremonie hat für die Eltern von Inunnguaq Ostermann, 6, eine besondere Bedeutung – daher darf die Tasche mit der Videokamera nicht fehlen. Denn früher war es wegen vieler Krankheiten nicht selbstverständlich, dass Kinder überhaupt das Schulalter erreichten; und nur wer überlebte, galt als stark genug für die harten Winter, hieß es. Nach der Schulfeier kommen Verwandte und Freunde zum *kaffimik* – dem Fest daheim mit Kaffee, Kuchen und Geschenken für Inunnguaq. Der Lehrplan auf der größten Insel der Erde entspricht dem dänischen, unterrichtet wird aber auch auf Grönländisch. Die Kinder gehen zunächst gemeinsam auf eine neunjährige Volksschule, danach folgt das Gymnasium. Das müsste auch Inunnguaq absolvieren – denn er will Arzt werden

Gefährlicher Schulbesuch

Vom Gesicht ihrer Lehrerin bekommt Apeir en Najar, 11
(im Bild unten, rechts), nur die Augen zu sehen. Als junge
Mädchen müssen Apeir und ihre Mitschülerinnen dagegen nur Haare und Hals unter einem weißen Kopftuch
verbergen. An einen geregelten Schulalltag ist an der
Halima-Al-Sadia-Mädchenschule in Gaza-Stadt oft nicht zu
denken. In dem palästinensischen Autonomiegebiet kommt
es immer wieder zu israelischem Beschuss, zu Bomben-
anschlägen und Unruhen; viele Schulen werden zeitweise
als Notunterkünfte genutzt – so zuletzt im Gazakrieg vom
Januar 2009. Obwohl ihre Eltern sie erst sehr spät eingeschult haben, hat Apeir noch viel vor: Sie will studieren
und Kinderärztin werden. Doch noch wohnt sie mit
ihren sechs Geschwistern und den Eltern im größten
Flüchtlingslager von Gaza. In einem einzigen Raum

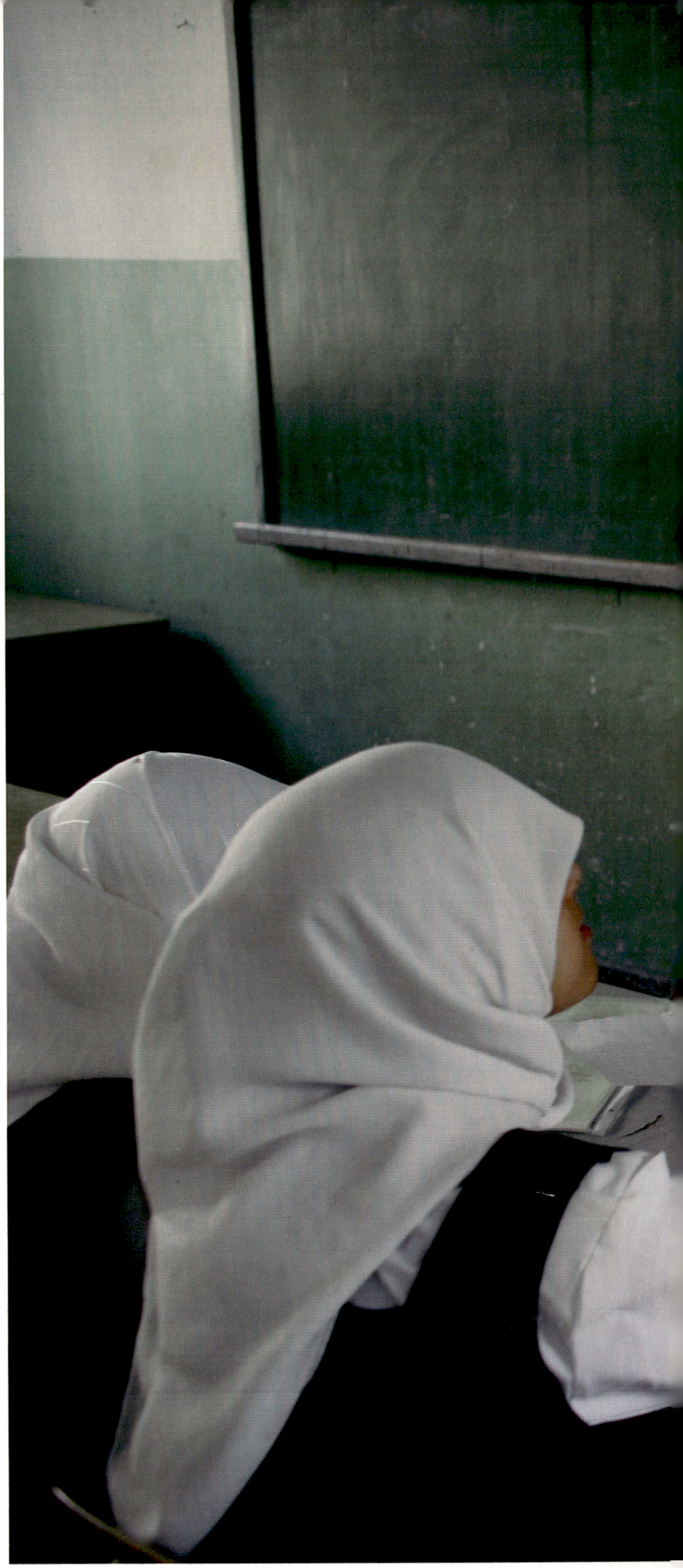

CHINA

Nur nicht aus der Reihe tanzen

Ordnung und Disziplin von
Beginn an: Gebannt blicken die
Erstklässler auf die Volksarmisten,
die während der »Eröffnungszere-
monie« in der Jin-Min-Xiang-Schule
in Peking im Stechschritt an ihnen
vorbeimarschieren. Nur ein kleines
Mädchen schiebt seinen Fuß vor,
so als wolle es am liebsten mit-
laufen. Auch im Unterricht zählt das
Kollektiv mehr als der Einzelne.
Stures Auswendiglernen und Nachsprechen alter Gedichte und
patriotischer Liedertexte macht an
vielen Schulen noch immer einen
Großteil des Lehrplans aus. Dennoch ist Bildung teuer. Bauern-
familien müssen dafür mitunter die
Hälfte ihres Haushaltsbudgets
aufbringen. Bis 2010 will die Regierung auf dem Lande das Schulgeld für die ersten neun Klassen
abschaffen, bis 2015 auch in den
Städten. So soll die zuletzt wieder
gestiegene Rate der Analpha-
beten, die bei etwa zehn Prozent
liegt, gesenkt werden

NEPAL

Ein weiter und steiler Schulweg

Anfangs wirkt Lobsang Lama, 6, noch etwas müde, als
er endlich an seinem Tisch in der Lophelling-Schule sitzt.
Seine Mutter sagt zwar, sie sei froh, dass er es nicht besonders weit zur Schule habe, aber vier Stunden Fußweg und
800 Meter Höhendifferenz sind es schon, die Lobsang täglich
zurücklegen muss. Am Einschulungstag ist er mit seiner
Schwester Jongba (unten, links) und einem Nachbarmädchen
gekommen. Die Eltern sind nicht dabei, es gibt auch keine
Feier. Die Lophelling-Schule ist vergleichsweise gut ausgestattet, und die Lehrer geben sich Mühe. In manchen Dorf-
schulen ist der Unterricht dagegen so schlecht, dass selbst
Schulabgänger kaum lesen und schreiben können. Offiziell herrscht zwar Schulpflicht in Nepal, aber viele Kinder
werden auf den Feldern gebraucht und bleiben Analphabe-
ten. Bei der Familie Lama muss der Ertrag eines steinigen
Ackers die Eltern und sechs Kinder ernähren – und so kann
Lobsang froh sein, überhaupt zur Schule zu gehen

Eine andere Vorstellung von Zeit

In Huilloc, einem Dorf in den peruanischen Anden auf mehr als 4000 Meter Höhe, folgt das Leben einem eigenen Rhythmus: Mit sechs Tagen Verspätung hat die Schule für die Erstklässler geöffnet. Normalerweise werden Kinder hier im Alter von fünf Jahren eingeschult. Doch auch die dreijährige Veronica Huamán hat heute ihren ersten Schultag. In typischer Tracht und gemeinsam mit ihrer Mutter hat sie sich auf den Weg gemacht (ganz unten). Nun muss Veronica still sitzen, lesen und schreiben lernen, zunächst Quechua, die Sprache der Bergbewohner, später auch Spanisch, die Landessprache. Bewegung kommt in die Klasse, als die Lehrerin die geometrischen Grundformen erklärt – und natürlich in der Pause auf dem Schulhof. Zwar garantiert die Landesverfassung Bildung für alle, aber 13 Prozent der Kinder erreichen nicht einmal die 5. Klasse und gut jeder zehnte Peruaner ist Analphabet

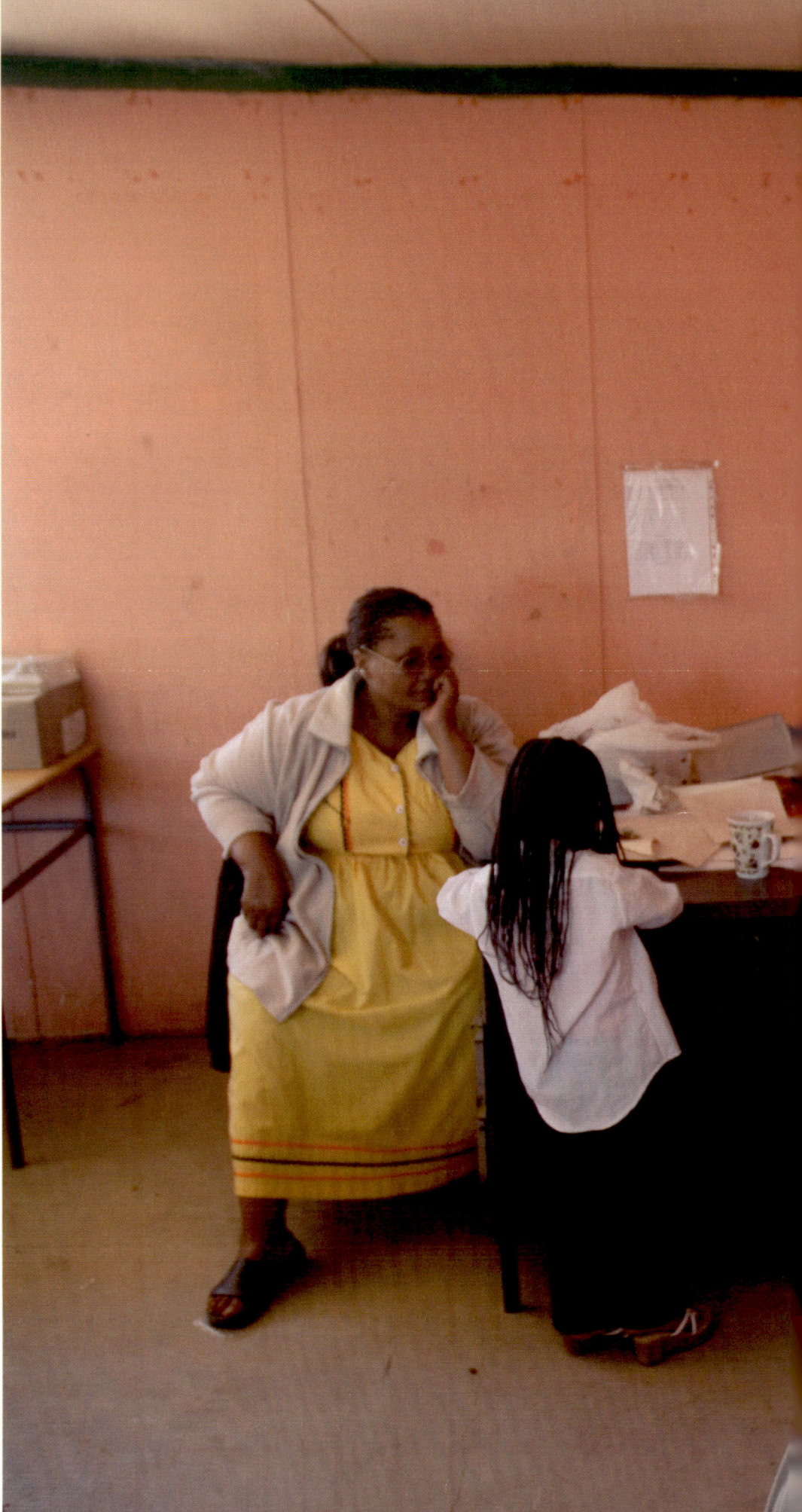

Mitten im Nirgendwo

Die Zöpfe zu kleinen Hörnern aufgerichtet, steht Tunaune Tjizembisa, 7, hoch konzentriert vor der Tafel. Und zeichnet ein Bild von ihrer Mutter, während sich ihre Lehrerin um ein anderes Kind kümmert. Tunaune lebt mit ihren drei Schwestern in der J.-P.-Brand-Internatsschule in der namibischen Sandwüste. Ihre Mutter arbeitet dort als Putzfrau, ihr Vater ist Kleinbauer. Umgerechnet 25 Euro pro Kind kostet sie das Internat im Jahr – für die Eltern viel Geld, aber wenig für die Schule: Zahlreiche Stühle sind defekt, die Tafeln alt, eine Klimaanlage gibt es nicht. Immerhin hat es das afrikanische Land nach der Unabhängigkeit und dem Ende der Apartheid geschafft, sein Bildungswesen zu reformieren. Seither besteht Schulpflicht bis zum 16. Lebensjahr, und es sind mehr Lehrer eingestellt worden. Auch Tunaune kann sich vorstellen, später einmal Lehrerin zu werden

RUSSLAND

Gedenken an die Geiselnahme

Die Lebensgeschichte von Dsera Chosonowa ist unauf-
löslich mit der Schule Nr. 1 in Beslan verknüpft. Am 1. September 2004 sollte Dsera dort eingeschult werden. Dann
aber stürmten tschetschenische Terroristen die Lehranstalt
in der russischen Teilrepublik Nordossetien und nahmen
Kinder, Lehrer und Eltern als Geiseln, darunter auch das Mädchen und seine Mutter. Mehr als 300 Menschen starben.
Dsera wurde durch eine Explosion schwer verletzt und verlor ein Auge, sechsmal musste sie operiert werden. Am
Tag ihrer zweiten Einschulung geht sie zur Gedenkstätte
an der Schule Nr. 1, um zu trauern. Dsera besucht jetzt eine
neu gebaute Schule, die von einem Sicherheitsdienst
bewacht wird. Auch dort gedenken die Eleven an diesem
Tag des Terroranschlags □

WIE DAS LERN

Können die Erkenntnisse der modernen Wissenschaft Schülern und Eltern helfen? Der Neurobiologe

GEO WISSEN: Herr Professor Korte, Sie sind Hirnforscher und Vater zweier noch sehr junger Söhne. Muss man die beneiden oder bedauern?

MARTIN KORTE: Weder noch. Ich bin für sie in erster Linie schlicht Vater und nicht ihr Synapsen-Dompteur. Aber ich weiß natürlich, dass man als Eltern seine Chancen nutzen muss, denn mit jedem Lebensjahr wird der Einfluss geringer. Also wird bei uns über gesundes Essen nicht nur geredet, wir nehmen auch oft ein Buch in die Hand und sitzen nicht ständig vor dem Fernsehgerät. Aber das sind im Grunde Selbstverständlichkeiten.

Wenn Sie später die Grundschule für Ihre Kinder auswählen werden – wonach werden Sie entscheiden?

Die Nähe zum Wohnort ist hierbei immer noch wichtig. Dadurch lässt sich unnötiger Stress vermeiden, und das Spielen im Freundeskreis ist unkompliziert. An der Schule selbst sollte es nicht nur sehr junge und sehr alte Lehrer geben, sondern auch solche, die Erfahrung haben, aber Neuem gegenüber aufgeschlossen sind. Und ich würde als Vater versuchen, Kontakt zu den Lehrern zu pflegen und ihnen auch positive Rückmeldungen zu geben, denn motivierte Pädagogen erreichen bei Schülern mehr als didaktisch perfekte, die eher lustlos sind.

Die Lehrer Ihrer Kinder werden es sicher nicht einfach haben mit Ihnen.

Was die Unterrichtskonzepte betrifft, mache ich mir schon ein wenig Sorgen, wie das nervlich für mich wird. Und zu den Elternabenden sollte dann vielleicht lieber meine Frau gehen.

Kann die Hirnforschung tatsächlich konkreten Rat erteilen, welche Unterrichtsformen gut sind – und welche schlecht?

Die Neurobiologie ist nicht der Heilsgral für alle Fragen zum Lernen und zum Unterricht. Aber sie kann sehr wohl belegen, dass etwa ein Wechsel der Unterrichtsformen und Arbeitsweisen extrem hilfreich beim Lernen ist. Alles Überraschende hat auf der Prioritätenliste des Gehirns sofort Vorrang: Die Aufmerksamkeit wird neu geweckt, das Gehirn kann nicht auf Autopilot schalten. Biochemisch gesprochen wird dann in zwei Hirnregionen der Botenstoff Dopamin ausgeschüttet,

Martin Korte, 44, erforscht die zellulären Grundlagen des Lernen und des Gedächtnisses

der die Neugier weckt und die Konzentration steigert. Das wiederum ermöglicht es Hirnzellen, sich Lernerfahrungen besonders gut einzuprägen. Der gute alte Frontalunterricht ist daher nicht grundsätzlich abzulehnen – wenn er sich abwechselt mit Gruppenarbeit und Einzelarbeit. Auch altersübergreifende Klassen funktionieren oft gut, weil Kinder sehr gut von ihresgleichen lernen und die älteren den Schulstoff für die jüngeren noch einmal aktiv aufbereiten müssen.

Gibt es Unterrichtsformen, die grundsätzlich problematisch sind?

Wir hätten mit dem Wissen von heute sehr gute Argumente gegen die Verschwendung von vielen Millionen Steuergeldern für den Bau von Sprachlabors in den 1970er Jahren. Zahlreiche Kinder haben darunter gelitten und nicht gut gelernt, weil es eine künstliche Lernsituation war, ohne den sozialen Kontext, den ein Gehirn benötigt. Ebenso hätte man sich die Mengenlehre in der Mathematik ersparen können: Der Frontallappen ist bei Grundschulkindern noch nicht so weit entwickelt, als dass er mit einer so abstrakten Methode gut zurechtkommt.

Schon die alten Griechen wussten, dass es beim Lernen nicht darum geht, Fässer zu füllen, sondern Fackeln zu entzünden. Weshalb gelingt das noch immer so selten an den Schulen?

Schule hat es vergleichsweise schwer, denn dort wird all das unterrichtet, was das Hirn eben nicht ganz nebenbei im Alltag lernt, in der Familie, unter Freunden. In den vergangenen Jahren hat es Schule sogar zunehmend schwer, weil die Menge des Wissens extrem zugenommen hat und das Lernen einer Hetzjagd gleicht. Die Lehrpläne sind voller geworden, aber es fehlt an Lernzielen, die einem Kind einleuchten. Will es aber zum Beispiel mit seinem neuen Mobiltelefon SMS schreiben – was ein klares Lernziel ist –, dann erschließt sich selbst eine hochkomplizierte Bedienung unglaublich schnell.

Hinzu kommt, dass Schule wird in Deutschland vor allem mit Arbeit und Entbehrung gleichgesetzt wird. Wenn etwa ein Rektor bei der Einschulung sagt: „Jetzt beginnt der Ernst des Lebens!", dann bleibt das bei den Schülern sofort hängen. Ich dagegen sage meinen Kindern: Dann geht der Spaß erst

EN GELINGT...

MARTIN KORTE über unsinnige Sprachlabors, falsche Belohnungen und die Segnungen weicher Fächer

richtig los. Die haben so viele Fragen, da sollte es geradezu erstrebenswert sein, zur Schule zu gehen und zu lernen.

Ist die Hirnforschung nicht zu optimistisch, wenn sie postuliert, eigentlich seien alle Kinder höchst neugierig, und wenn sie es dann nicht sind, liege es an der schlechten Schule?

Der Mensch an sich ist ein neugieriges Wesen, auch wenn es von Geburt an individuelle Unterschiede gibt. Die Probleme fangen nicht erst mit der Schule an, sondern mit den frühkindlichen Erfahrungen im Elternhaus. Ohne Fürsorglichkeit, gepaart mit viel Körperkontakt, haben Kinder einen Startnachteil, der sich nicht nur in emotionalen Defiziten ausdrückt sondern auch im Intelligenzquotienten; das ist messbar. Und manche Eltern finden fragende Kinder einfach nur lästig, was in letzter Konsequenz dazu führt, dass jegliche Neugier abgetötet wird. Ich würde also nicht sagen, dass die Hirnforschung zu optimistisch ist, sie stellt jedoch hohe Ansprüche an Eltern, Lehrer und Schüler.

Was genau geschieht beim Lernen im Kopf eines normal neugierigen Kindes?

Das Gehirn ist im Kindergarten- und Grundschulalter enorm plastisch. Erst nach und nach graben sich durch Lernerfahrungen die Haupt- und Nebenstraßen des Denkens ein. Dabei kommt es nicht nur auf die rund 100 Milliarden Nervenzellen im Hirn an, sondern vor allem auf die Synapsen – jene Kontaktstellen, über die Nervenzellen mithilfe von chemischen Botenstoffen miteinander kommunizieren.

Im Alter von zwei bis drei Jahren gibt es im kindlichen Gehirn 15 Trillionen Synapsen – eine Zahl, die vergleichbar ist mit der Menge aller Blätter im Amazonas-Regenwald. Jene Signalbahnen, die oft genutzt werden und sich bewähren, verstärken sich. Die Nervenzellen bekommen zusätzliche Äste, und es entstehen neue Synapsen. Was aber nicht genutzt wird, verkümmert nach und nach.

Somit verändern sich beim Lernen vor allem die Verschaltungseigenschaften im Gehirn. Daher sind motivierende Lernerfahrungen gerade in jungen Jahren enorm wichtig. Nur so entsteht eine Gehirnarchitektur, die hilft, sich neues Wissen schnell zu erschließen; nur dann kann an bereits Gelerntes gut angeknüpft werden.

> **»Am besten ist es, wenn Kinder Fehler selbst bemerken und dann korrigieren«**

Wodurch entstehen denn die frappierenden Unterschiede zwischen Normal- und Hochbegabten?

Möglicherweise spielen die Gliazellen eine wichtige Rolle. Diese Zellen sind für die Nährstoffversorgung der Nervenzellen zuständig und isolieren deren zum Teil meterlangen, astartigen Fortsätze, die Axone. Je effektiver sie das machen, desto schneller erfolgt die Informationsverarbeitung. Bei Hochbegabten ist die axonale Geschwindigkeit oft extrem hoch. Für normale Aufgaben benötigen sie darüber hinaus nur vergleichsweise kleine Hirnareale – erst wenn es richtig kompliziert wird, müssen sie auf ihre gesamten Kapazitäten zurückgreifen. So etwas lässt sich mit bildgebenden Verfahren nachweisen; sie können dem Gehirn gleichsam beim Lernen zusehen.

Kann ein „Normallerner" mit der Methode des Gehirnjoggings oder intensivem Üben zu einer Art „Turbolerner" werden, der alles Neue aufsaugt und abspeichert?

Allenfalls in einem engen Rahmen. Denn die Grundstruktur des Gehirns ist genetisch weitgehend festgelegt und daher von Mensch zu Mensch unterschiedlich. Aber die Funktionsfähigkeit ist natürlich auch abhängig von den Umwelterfahrungen, den Lernerfahrungen. Letztlich ist das Problem gar nicht die Speicherfähigkeit – die ist generell enorm hoch, bei allen Menschen. Unterschiede gibt es vor allem beim Abrufen des Wissens und der Verarbeitung im Arbeitsgedächtnis. Viele Hochbegabte haben ein sehr gut verschaltetes Arbeitsgedächtnis, das blitzschnell Assoziationen zwischen Neuem und Gelerntem herstellt. Gleichzeitig können sie sich extrem gut konzentrieren und nach der Trial-and-Error-Methode unzählige Alternativen in kurzer Zeit durchdenken.

Also keine Angst vor Fehlern beim Lernen und vor dem Ausprobieren von Lösungen?

Man sollte nur vermeiden, Kindern ihre Fehler ständig vorzuhalten. Der Lernerfolg ist viel größer, wenn ein Kind seine Fehler selbst bemerkt und sie dann korrigiert. Etwa bei einem Übungsdiktat: Da ist es nicht sonderlich hilfreich, Fehler anzustreichen und dem Kind die richtige Schreibweise zu erklären. Es ist vielmehr besser, das Kind legt den Text eine Zeit lang zur Seite und schaut ihn sich später noch einmal an. Die meisten Fehler wird es dann von sich aus erkennen. Und sie wahrscheinlich nicht noch einmal machen, weil die Einsicht in seinem Kopf selbst entstanden ist.

Müsste nicht folgerichtig der Rotstift der Lehrer abgeschafft werden?
Er sollte zumindest ergänzt werden durch einen Grünstift, der markiert, was gut gemacht wurde. Je kleiner die Kinder sind, desto wichtiger ist so etwas. Erst ab dem elften bis 13. Lebensjahr lernen Kinder auch über ein negatives Feedback. Erst dann wird eine solche Rückmeldung nicht mehr ausschließlich in den Arealen im Gehirn verarbeitet, die für Emotionen zuständig sind, sondern auch in jenen, die eine Fehleranalyse des Verhaltens vornehmen.

Wenn es einem Kind an der Motivation mangelt, gibt es dann Tricks, die zu wecken?
Das Wichtigste ist die Förderung der Eigenmotivation; sie ist eine der stärksten Antriebe des Menschen, sie hat uns auf den Mount Everest und auf den Mond gebracht. Lernaufgaben sollten nicht zu schwer sein, aber auch nicht zu einfach. In so einem Fall bricht die Aufmerksamkeit leicht zusammen, und das Arbeitsgedächtnis funktioniert nicht mehr richtig. Aufgaben dürfen durchaus auch die Möglichkeit des Scheiterns bergen, das wirkt im Erfolgsfall äußerst motivationsfördernd für künftige Anstrengungen. Belohnungen sind dagegen zweischneidig: Falsch eingesetzt, können sie mehr schaden als nutzen.

Das müssen Sie erklären – wird nicht jeder gern belohnt?
Solche Anreize nutzen sich schnell ab. Letztlich kann eine Belohnung von außen kaum so stark sein, wie die eigene Belohnung des Gehirns, nachdem es ein selbst gewähltes Ziel erreicht hat. Dann werden drogenähnliche Stoffe ausgeschüttet, körpereigene Endorphine und Opiate. Das kann geradezu süchtig machen nach Lernen, nach weiteren Erfolgserlebnissen. Wenn also ein Kind ohnehin gern lernt, braucht es Belohnungen ebenso wenig wie ein Fünfjähriger, der mit Legosteinen etwas Ausgefallenes gebaut hat. Gibt man dann plötzlich in der Schulzeit materielle Anreize für ein ganz natürliches Lernverhalten, kann die Motivation in die falsche Richtung gelenkt werden. Das Kind lernt dann womöglich nur noch für die Anerkennung von außen, nicht aber für innere Belohnung, den eigenen Wissensdrang.

Sollte man bei Kindern, die sich sehr schwer tun mit dem Lernen, ebenso vorsichtig sein?
In dem Fall ist eine Belohnung besser als eine Strafe. Aber die Anreize sollten variiert werden, sonst verlieren sie noch schneller ihren Effekt. Statt zwei Euro für eine gute Mathearbeit können Eltern auch einen Familienausflug in Aussicht stellen, oder das Kind sammelt Belohnungspunkte für ein Skateboard. Eine Studie, die selbst die Forscher verblüffte, hat gezeigt, dass eine immer gleiche Anerkennung am Ende weniger bewirkt als gar keine. Und dass sich die Motivation ohnehin lernbegieriger Kinder durch Belohnungen nicht steigern lässt – der Grund dafür ist vermutlich, dass Anreize von außen die Eigenmotivation quasi überschreiben. Am erfolgversprechendsten erwiesen sich in der Studie Belohnungen, die von Zeit zu Zeit überraschend eingesetzt wurden.

> **»Einer der stärksten Antriebe des Menschen ist die Eigenmotivation«**

Gibt es tatsächlich die angeblichen „neuronalen Fenster des Lernens", über die schon auf Elternabenden in Kindergärten diskutiert wird?
Ja, die gibt es. Das wohl wichtigste Fenster ist das für die Sprache. Das Gehirn erwartet, bis zum achten, spätestens bis zehnten Lebensjahr alle notwendigen Spracherfahrungen gemacht zu haben, um in der Welt zurechtzukommen. Danach tut es sich schwerer. Das gilt vor allem für die Muttersprache, aber auch für ein, zwei oder sogar drei weitere Sprachen.

Heißt das, alle Kinder könnten oder sollten vier Sprachen lernen?
Es wäre zumindest kein grundsätzliches Problem. Fast alle Kinder sind in der Lage, vier Sprachen zu verstehen und perfekt auszusprechen. Aber es gibt ein neurobiologisches Problem: Das Gehirn lernt nur, wenn es die Notwendigkeit dafür sieht, es also ein sinnvolles Ziel gibt. Wenn zum Beispiel die Mutter deutsch spricht, der Vater englisch und die Familie in Belgien lebt, wo flämisch und französisch gesprochen wird, dann kann es vier Sprachen lernen. Mit deutschen Eltern, deutschen Freunden und in einem deutschen Kindergarten mit einer Wochenstunde Englisch wird es selbst mit der ersten Fremdsprache nicht klappen. Das Gehirn kann die Sprache einfach nicht ernst nehmen, weil sie nichts mit den eigenen Lebenserfahrungen zu tun hat, sie wird daher gar nicht erst abgespeichert. Wir wissen allerdings bis heute nicht, wie viel Fremdsprachen-Unterricht in der Grundschule nötig wäre, um eine weitere Sprache zu erlernen.

Welche anderen neuronalen Fenster gibt es?
Für die Feinmotorik ist es wichtig, darauf zu achten, dass ein Kind vor Schulbeginn einen Stift richtig halten kann. Andernfalls ist es selbst für intelligente Kinder schwer, Lesen und Schreiben zu lernen. Und das perfekte Erlernen eines Instruments ist bis etwa zum zehnten Lebensjahr am einfachsten. Ich werde sicher meine Kinder vorher mal ans Klavier setzen. Aber wenn ein Kind das nicht mag, sollten

die Eltern abbrechen, ehe sie ihm die Musik verleiden. Es gibt letztlich keinen festen neurobiologischen Fahrplan, den man abarbeiten müsste. Und vor allem: Die Fenster des Lernens fallen nie ganz zu. Man kann auch mit 13 oder 14 Jahren ein Instrument noch hervorragend spielen lernen.

Ob beim Lernen in der Schule oder bei den Hausaufgaben – viele Kinder haben Probleme, sich zu konzentrieren. Lässt sich das ändern?

Begrenzt. Als Erwachsener überschätzt man leicht die Konzentrationsfähigkeit. Sechsjährige können sich gerade einmal 15 Minuten konzentrieren, Neunjährige etwa 20 Minuten, Elfjährige rund 30 Minuten. All das hat mit der Hirnreifung zu tun – erst im Alter von 25 erreicht beispielsweise das Arbeitsgedächtnis seine volle Leistungsfähigkeit. Daher sollte man bei den Hausaufgaben immer wieder kurze Pausen einlegen. Und nach zwei bis drei Pausen eine längere Unterbrechung – ansonsten bleibt kaum noch etwas haften. Allerdings können, wie im Unterricht, auch bei Hausaufgaben Überraschungen mitunter Wunder wirken. Es gibt Kinder, die lernen unglaublich gut Vokabeln im Auto, weil es dort einmal gut geklappt hat. Warum also nicht mal die Hausaufgaben im Badezimmer machen?

Wie findet man als Eltern beim Lernen das richtige Maß zwischen Über- und Unterforderung?

Man darf nicht zu viel wollen und muss den Kindern Zeit geben. Oft ist ein Wochenplan hilfreich, um sich überhaupt zu vergegenwärtigen, was für ein gewaltiges Pensum Kinder mitunter absolvieren, wie viele Stunden verplant sind. Wenn Schule, Hausaufgaben, Musikunterricht und Sport mehr als 40 Stunden ausmachen, also eine normale Arbeitswoche, dann ist das zu viel. Es gibt nicht wenige Kinder, die arbeiten pro Woche sogar 50 Stunden; damit tut man niemandem einen Gefallen.

Ließe sich theoretisch nicht noch viel mehr aus einem Gehirn herausholen? Angeblich nutzen wir unsere Kapazitäten nur zu einem Bruchteil.

Seit den 1930er Jahren, das wissen wir, hat sich bei Intelligenztests ergeben, dass der IQ alle zehn Jahre um vier Punkte steigt. Das ist die Folge der zunehmenden Beanspruchung des Gehirns durch die allgemeine Schulpflicht, durch die Verstädterung, durch technische Geräte, durch komplexere soziale Beziehungen. Mitte der 1990er Jahre ist dieser Trend jedoch abgebrochen. Möglicherweise haben wir eine Grenze der Trainierbarkeit erreicht, können zusätzliche Informationen nicht mehr sinnvoll verarbeiten. Nicht weil wir sie nicht speichern könnten, aber der

> »Eltern dürfen nicht zu viel wollen – jedes Kind braucht Zeit für zweckfreies Spielen«

Abruf funktioniert nicht mehr. Außerdem brauchen Kinder Zeiten, die sie selbst verplanen können, für zweckfreies Spielen und Auszeiten, damit sich das Gelernte auch verfestigen kann.

Nicht immer noch mehr büffeln, sondern sich lieber mehr bewegen – wäre das eine Strategie für einen größeren Lernerfolg?

Ja, und gleich in mehrfacher Hinsicht. Von den Muskeln werden, wenn sie sich bewegen, Substanzen ausgeschüttet, die für das Wachstum und die Plastizität der Nervenzellen wichtig sind und damit für die Gehirnreifung. Und wer mindestens zweimal die Woche für eine halbe Stunde einen Puls von 130 hat, verbessert nicht nur die Durchblutung der Muskulatur: Der für die Bewegung zuständige Motorkortex liegt direkt neben dem Broca-Zentrum, einem wichtigen Spracharbeitsareal, und einem Bereich im Stirnlappen, der für die Ausführung von Handlungen zuständig ist. Auch diese Bereiche werden dann besser durchblutet. Nicht zuletzt helfen Bewegungserfahrungen dem räumlichen Vorstellungsvermögen in der Mathematik auf die Sprünge.

Ist auch Musik, wie so oft behauptet, ein Wundermittel?

Das Musizieren hat tatsächlich ebenfalls mehrere Effekte. Die Vernetzung der Gehirnhälften verbessert sich, weil bei vielen Instrumenten beide Hände autonom arbeiten, was eine enorme Herausforderung für das Gehirn ist. Stark benutzte Hirnareale, etwa die für die Finger eines Violinisten, werden sogar messbar größer – es gibt nicht viele Tätigkeiten des Gehirns, die sich so deutlich manifestieren. Außerdem ist der durchschnittliche IQ bei musizierenden Kindern erhöht, selbst wenn man alle anderen Faktoren wie das Bildungsniveau der Eltern herausrechnet. Auch die soziale Intelligenz verbessert sich, ebenso die Fähigkeit, eigene Gefühle und die anderer einzuschätzen und zu kontrollieren.

Also mehr Sport und Musik an die Schulen?

Es würde schon viel helfen, wenn man diese Fächer nicht weiter als „weiche Fächer" abqualifizierte, die man nach Belieben kürzen kann. Das sind, wie die Hirnforschung gezeigt hat, richtig harte Fächer. Aber diese Erkenntnis ist bei den Schulbehörden leider noch nicht angekommen. □

Martin Korte ist Professor für zelluläre Neurobiologie und geschäftsführender Leiter des Zoologischen Instituts an der TU Braunschweig. Jüngst ist sein Buch „Wie Kinder heute lernen. Was die Wissenschaft über das kindliche Gehirn weiß" (DVA, 368 Seiten) erschienen.
Die Fragen stellte **Claus Peter Simon**.

Jeden Freitag ziehen die Jüngsten der Primaria in die Wälder der Umgebung. Sie balancieren, kommunizieren, sammeln Feuerholz – all das lässt sie an den anderen Tagen leichter Schreiben und Rechnen lernen

EXPERIMENTALSCHULE

IST DAS DIE REVOLUTION DES LERNENS?

Sie gilt als eine der fortschrittlichsten Schulen
der Schweiz – die Primaria in St. Gallen. Dort bringen
Achtjährige ihren vierjährigen Mitschülern das Schreiben bei,
nutzen Lehrer Möhren beim Wurzelziehen und
machen Kinder und Eltern die Erfahrung, dass Spielen ein
unerschütterliches Wissensfundament legt

VON SUSANNE FRÖMEL (TEXT) UND
MARKUS BÜHLER-RASOM (FOTOS)

Wenn es so wäre, wie es normalerweise ist, dann würde Nelson die Sache jetzt vergessen.
Er würde aufstehen und weggehen, ir-
gendwo anders hin, sich ablenken mit
irgendeinem Spiel. Aber er kann nicht.

Die Sache geht ihm einfach nicht
aus dem Kopf. Er hat gesehen, wie die
anderen es machen, so schwer kann es
schließlich nicht sein. „Das geht schon",
murmelt er vor sich hin, „ja." Aber wie
so oft im Leben will der Körper nicht,
wie der Kopf es sich vorstellt.

Die Finger pflügen durch den Sand.
Nelson spürt das feine Geriesel an der
Haut, die ein wenig klebrig ist, sodass
die ganze Hand bald aussieht wie mit
Schmirgelpapier überzogen. Der Zeige-
finger vollführt einen Tanz in der Sandkiste, hoch und wieder hinunter, aber
das Ergebnis lässt zu wünschen übrig.

Es sieht überhaupt nicht aus, wie es
aussehen sollte. Kein gerader Strich,
eher die Spur einer Schlange, die sich
träge durch die Wüste bewegt. Nelson
spürt, dass er gleich die Nerven verlieren wird. Der Körper wirkt jetzt nicht
mehr locker, sondern verkrampft, wie
bei einem, der diese Kiste gleich packen
und durch die Gegend pfeffern wird.

Das ist ein komischer Anblick. Denn
heute ist einer dieser Tage, an denen
Nelson sein schwarzes Ritterkostüm
trägt, mit Umhang und Vollvisier. Eine
gewisse Würde zu bewahren ist angera-
ten. Nelson ist schließlich vier Jahre alt.

David hat das Ganze beobachtet. Er
sieht da einen sehr kleinen, schwarz
gekleideten Ritter stehen, unter dessen
Helm sich dunkle Locken bis auf die
Schultern kräuseln. Es ist offensicht-
lich, dass der Ritter bei dem, was er tut,
nicht vorankommt.

Also steht David auf und schlendert
hinüber zu der kleinen Sandkiste. Er hat
hier vor ein paar Jahren auch begonnen,
auf 40 mal 60 Zentimetern. Denn es ist
leichter, in Sand zu schreiben als mit
einem Stift auf Papier.

„Was machst du denn da?" David
kennt die Antwort natürlich, aber er

Sich selbst Ziele setzen, sie konsequent verfolgen und am Ende vor den Eltern auftreten – dafür gehen die Kinder jeden zweiten Mittwoch zur Zirkusschule

wird ja wohl fragen dürfen. „Ich schreibe ein N", antwortet Nelson. „Aber es geht nicht."

David nickt ein wenig gönnerhaft und sagt dann den einzigen Satz, den ein kleiner Kerl in rotem T-Shirt und Baseballkappe in dieser Situation zu einem anderen kleinen Kerl in einem Ritterkostüm sagen kann: „Kein Problem, ich zeige dir, wie es geht."

Er steckt den Finger in den Sand – „erst gerade, dann schräge Striche, wie Berge, weißt du?" – und pinselt das herrlichste N in den Sand, das man sich vorstellen kann. N wie Nelson.

Dessen Finger haben nun plötzlich auch kapiert, wie es funktioniert. Hoch, runter, hoch, so schwer ist es wirklich nicht: „Ich habe ein N geschrieben!"

„Klar hast du das. Toll."

David ist acht Jahre alt und ziemlich zufrieden mit seinem Schüler. Doch von Ritter Nelson bekommt er nur noch den wehenden Umhang zu sehen: Die Begeisterung muss schnell weitergetragen werden.

„In Schreiben ausbrechen" nennen die Lehrer an der Primaria im Schweizer St. Gallen jenen Moment, wenn die Kleinen die Großen so lange beobachtet haben, dass sie einfach nicht mehr anders können, als sich einmal selbst am Alphabet zu versuchen. Man könnte auch sagen, dass sie irgendwann in Rechnen ausbrechen. Oder in Biologie. In Geographie. In Französisch.

So ein Verhalten ist ungewöhnlich, weil man als Schüler an normalen Schulen in kaum etwas ausbricht, außer vielleicht in Panik. Die Kinder an der Primaria tun es einfach, weil sie gar nicht anders können, als zu lernen.

Aber was ist das für eine Schule, die Achtjährigen erlaubt, Vierjährigen das Schreiben beizubringen?

„DER GRUNDGEDANKE", sagt Ursula Taravella, „ist einfach. Wenn ich jedes Kind als einzigartigen Menschen betrachte, der sein eigenes Lerntempo hat und sein individuelles Arbeitssystem mitbringt, dann bin ich schon fast am Ziel. Wenn ich diesem Menschen dazu noch erlaube, alles zu entdecken, was er

sich nur wünscht, und diese Entdeckung mit allen Sinnen zu erleben, dann bekomme ich Schüler, die freiwillig und selbstverantwortlich lernen."

Ursula Taravella hat die Primaria vor zwölf Jahren gemeinsam mit ihrem Mann gegründet, die Schule gilt als eine der fortschrittlichsten der Schweiz. Es gibt zwei Bereiche:

• die Basisstufe, eine Mischung aus Vorschule und Grundschule, für die Vier- bis Achtjährigen;

• die Primarstufe, so etwas wie Grundschule und Unterstufe, für die Sieben- bis 13-Jährigen.

62 Schüler kommen an fünf Tagen pro Woche von 8.30 Uhr bis 16 Uhr; für sie arbeiten vier Lehrer, drei Erzieherinnen und zwei Praktikanten.

In der Primarstufe sitzen zum Teil Kinder am Rande der Pubertät. Die lernen doch kaum freiwillig, oder?

Ursula Taravella lächelt jetzt. Sie ist 54 Jahre alt und sieht weich aus und naturverbunden.

„Sie behaupten", frage ich, „diese Kinder teilen sich ihre Lernziele selbst ein und erreichen sie ohne Druck, ohne Noten und ohne Angstmacherei?"

Ursula Taravella nickt. Sie hat solche Fragen schon tausendmal gehört. „Für Normalpädagogen ist das schwer zu ertragen", sagt sie. „Die wissen oft nicht, ob sie lachen oder weinen sollen. Warum, fragen sie mich, müssen wir unseren Schülern mit Mühe alles abringen, wenn es auch so funktioniert?"

Doch die Frage bleibt: Wie genau funktioniert Lernen ohne Druck?

WENN ES EIN FACH GIBT, das für viele das ganze Übel der Schulzeit in 45 Minuten komprimiert, dann wohl die Mathematik. Für sie ist Mathe der Streber unter den Schulfächern – unnahbar, unverständlich und sich selbst für etwas Besseres haltend.

Wer den Mathe-Unterricht an der Primaria beobachtet, bekommt da so seine Zweifel. Schon allein, wie die zwölf Kinder beim „Mathe Input" zusammensitzen. Nicht in Reihen, wo man sich kaum in die Augen blicken kann.

Sondern im Kreis.

»Braucht man hier Stühle?« – »Hoffentlich verbrennt das Brot nicht!« – »Wie liegt es sich auf dem Boden?« – »Bloß nicht loslassen!« An den Waldtagen gewinnen die Schüler Erkenntnisse, die Stadtkindern oft fehlen. Die Lehrer sind dann besonders gefordert: Sie müssen für das Mittagessen ein Feuer entfachen

In dessen Mitte liegt ein Tischtuch ausgebreitet. Auf dem stehen ein paar Blumentöpfe, in denen Vierecke aus farbigen Perlen stecken. Eine Möhre liegt auch da. „Heute machen wir Wurzelrechnung", sagt Jens Oberbeck. „Das ist ein unheimlich spannendes Thema."

Er trägt ein T-Shirt mit der Aufschrift „Ich entdecke" und schaut in die Runde wie jemand, der Wurzelrechnung tatsächlich für ein spannendes Thema hält.

Das ist eine Sichtweise, die für einen Regelschüler nicht unmittelbar auf der Hand liegt. Aber hier rücken die Kinder näher und schauen auf die Blumentöpfe und auf den Lehrer, als wäre er ein Zauberer, der gleich die Nummer des Jahrhunderts vorführt. Vielleicht ist ja wirklich etwas dran an Wurzelrechnung.

Der Trick selbst ist dann gar nicht so überraschend. Aber man kapiert sofort, was gemeint ist: Jens Oberbeck zieht aus einem der Blumentöpfe ein Perlenviereck heraus und hält es in die Luft; drei mal drei Perlen bilden dabei ein Quadrat. Die drei unteren Perlen sind jetzt voller Erde, die Wurzel eben. „Das ist nur zur Veranschaulichung, damit ihr das System versteht."

Janek, 13, der neben dem Lehrer sitzt und manchmal ein bisschen mehr redet als die anderen, zieht aus einem anderen Topf ein weiteres Perlenpaket. Fünf mal fünf Perlen, und darunter wieder eine Reihe dunklerer Perlen. Er putzt die Erde ein wenig ab und sagt dann: „Die Wurzel aus 25 ist also fünf."

Über das Gesicht von Jens Oberbeck huscht ein Ausdruck, der bei Mathelehrern selten ist. Man könnte es Freude nennen. Und weil es gerade so gut läuft, nimmt er die Möhre in die Hand, hält sie hoch und fragt: „Was glaubt ihr, was das ist?"

„Jens, das ist doch eine Möhre!"

„Ja, klar ist das eine Möhre", sagt der. „Aber eine Möhre ist auch eine Wurzel. Und das lateinische Wort für Wurzel lautet Radix. Was wir als Wurzelzeichen kennen, ist ein kleines r, das ein wenig in die Länge gezogen wurde. Ihr könnt jetzt eine Pause machen. Oder wir reden weiter über Wurzeln, da gibt es ein paar tolle Tricks." Zwei, drei Schüler stehen auf und gehen aus dem Zimmer. Die anderen bleiben sitzen, zupfen an den Blumentöpfen und beraten ein wenig über die Wunder der Mathematik.

Noch größer ist nur das Wunder, dass nach fünf Minuten alle wieder beisammensitzen.

„Du, Janek", fragt eine Schülerin, „was ist die Wurzel aus 64?"

„Acht."

„Ach ja, klar. Und aus 17?"

„Aus 17 kann man doch gar keine Wurzel ziehen!"

„Warum nicht? Jens, geht das wirklich nicht?"

DAS GEFÜHL, das eine Situation wie diese in einem Beobachter auslöst, ist seltsam. Was man hier beobachtet, sind die Schüler 2.0: Sie lernen gern, sie tun es freiwillig, sie haben verinnerlicht, dass Lernen Spaß machen kann.

Und sie haben verstanden, dass sie selbst für sich verantwortlich sind. Deshalb führt jeder Schüler ein Logbuch,

Mathematik wird an der Primaria auch da begreifbar, wo sie besonders abstrakt ist: beim Wurzelziehen. Eine Möhre, Bauklötze und ein Blumentopf mit Holzperlen-Quadraten machen die Methode anschaulich

in das er in Spalten eintragen kann, welche Ziele er sich gesetzt hat.

Zum Beispiel Andrea, 12. „Woran Andrea diese Woche arbeiten wird", steht über einer Spalte, über einer anderen: „Ziel erreicht?"

Sie hat an der staatlichen Schule große Schwierigkeiten mit Mathematik gehabt, darum haben die Eltern sie auf die Primaria gegeben. Damit sie die Angst vor dem Lernstoff verliert und mit Zahlen etwas lockerer wird.

Es gibt ja keinen Druck hier. Wenn jemand etwas nicht in diesem Monat schafft, dann vielleicht im nächsten. Manche Kinder sind bereits mit zwölf Jahren so weit, auf eine weiterführende Schule zu wechseln, andere erst mit 13.

Zwar müssen die Absolventen der Primaria am Ende der Schulzeit die gleichen Kenntnisse haben wie andere Kinder. Aber in welchem Tempo sie gehen und welche Wege sie dabei wählen, ist ihnen überlassen.

„Such dir doch erst mal eine Übung, die dir Spaß macht", sagt Jens Oberbeck zu Andrea. „Zieh das bis zum Ende durch und freu dich über deinen Erfolg." Also rechnet sie jetzt die Quadratzahlen der Ziffer zwei aus. Im Kopf.

Am Nachmittag sitzt sie immer noch über ihrem Heft, weil sie völlig die Zeit vergessen hat. Sie ist bei zwei hoch 40 angekommen.

WENN DIE SCHÜLER anders sind, bedeutet das, dass auch die Lehrer anders sein müssen. Beide sollten sich ergänzen, sagt Jens Oberbeck: „Wichtig ist die gleiche Augenhöhe."

Deshalb heißen die Erwachsenen an der Primaria „Lernbegleiter". Sie wollen Vertrauenspersonen sein.

Jens Oberbeck hat an der größten Kantonsschule St. Gallens gearbeitet, ehe er an die Primaria kam. Nun unterrichtet er auch Mathematik, obwohl er ursprünglich Geographie und Biologie studiert hat.

„Für mich ist das hier eine gestaltete Umgebung für Kopf, Herz und Hand. Ich muss nicht mit Gewalt irgendeinen Stoff in einer bestimmten Zeit durch-

Weg mit den herkömmlichen Tischreihen! Im Kissenkreis sollen Schüler und Lehrer besser in Kontakt kommen – um etwa im Französischunterricht nach Wörtern mit »oi« zu suchen

drücken, sondern wir können gemeinsam einen Rhythmus finden, in dem wir das zu Lernende so zusammenfügen, dass es einen Sinn ergibt."

Auch seine Kinder besuchen die Primaria. Der Älteste will Ingenieur werden. „Es ist ja nicht so, dass wir hier nur herumspielen. Anfangs hatte ich Zweifel, ob Kinder in so einer freien Umgebung lernen können. Es sieht so einfach aus. Aber man darf nicht vergessen, dass sie jeden Tag neu entscheiden müssen, was sie tun wollen. Und weil ihnen niemand diese Verantwortung abnimmt, tun sie es einfach. Das kreative Spielen hat bei uns deshalb einen hohen Stellenwert – es ist gelebte Lernerfahrung."

Ursula Taravella sagt: „Wir haben den Menschen als Gesamtes im Blick. Und diese Art der Schulung erzieht die Kinder zu verantwortungsbewussten, nachdenklichen Menschen." Da war zum Beispiel die Sache mit den Mäusen.

Anfangs gab es vier. „Seid ihr sicher, dass das alles Weibchen sind?", fragte Ursula Taravella.

„Ja, klar, ganz sicher", antworteten die Schüler.

Kurze Zeit später waren es 49.

„Die Mäuse müssen weg", sagte Ursula Taravella, neben deren Büro die Käfiganlage stand, „ich kann mich überhaupt nicht mehr konzentrieren. Was werdet ihr tun?"

Verhandlungen über das Ende eines Krieges hätten kaum härter sein können.

„Wir können sie aber doch nicht einfach töten", sagte eine Schülerin.

„Aber alle freilassen – das geht auch nicht", sagte eine andere, „denn dann nehmen sie den wilden Mäusen ihren Lebensraum weg."

„Also doch umbringen?"

„Wir könnten sie verfüttern!"

„Aber an wen?"

„Ja, an wen denn nur?"

Am Ende kam es zu einer sehr pragmatischen Entscheidung (wenn man die Wünsche der Mäuse mal außer Acht lässt).

Knapp ein Drittel, so entschieden die Schüler, starb durch die Hand eines Tierarztes. Ein weiteres Drittel wurde in den Zoo gebracht, als Schlangenfutter. Und das letzte Drittel bekam bei einigen der Kinder ein neues Zuhause.

Die wenigen Mäuse, die jetzt noch in der Schule leben, sind streng nach Geschlechtern getrennt. Darauf achten die Schüler mit großer Ernsthaftigkeit – die Konsequenzen wiegen einfach zu schwer.

DIE SONNE STEHT hoch über dem Gebäude, das aussieht wie eine Mischung aus Pilz und Würfel. Die Primaria teilt es sich mit der Waldorfschule, aber es gebe, sagt Ursula Taravella, wenig Gemeinsamkeiten. „Wir sind keine Weltanschauung", sagt sie. „Uns geht es nicht um eine Ideologie."

Sie habe nur nach einem ansprechenden Gelände gesucht und es hier gefunden. Vorn gibt es einen großen Fischteich, hinter dem Haus beginnt ein lang gestrecktes Waldgebiet; eine Schlucht, durch die die Goldach sprudelt, ist eine halbe Stunde Fußmarsch entfernt. Viele Schultage haben die Kinder dort schon verbracht.

Vor zwei Jahren ist die Primaria in ihr Gebäude gezogen. Die neuen Räume waren nötig, um dem beständigen Wachstum gerecht zu werden. Obwohl der Schulbesuch umgerechnet etwa 850 Euro im Monat kostet. Viel Geld.

„Ich wünschte, wir könnten die Gebühren reduzieren", sagt Ursula Taravella. „Aber anders als in Deutschland bekommen alternative Schulen in der Schweiz keinerlei Zuschüsse."

Die Einnahmen reichten gerade so aus, erklärt sie: mit all dem teuren Material, das sie benutzen, den Ausflügen, dem guten Lehrer-Schüler-Schlüssel.

„Stellen Sie sich vor", so die Leiterin der Primaria, „Sie hätten die Wahl zwischen frustrierten, gestressten Kindern und solchen, die wissensdurstig und mit Verantwortungsgefühl durch die Welt gehen. Ich sage nicht, dass die Regelschule für alle Kinder schlecht ist. Aber wir wollen den Eltern zeigen, dass es eine Wahl gibt. Was würden Sie tun?"

DIE ANTWORT FÄLLT SCHWER. Oder gerade nicht. Da ist Julia, 11, die früher so unter Druck stand, dass sie vor Magenschmerzen und Migräne nicht mehr in die Schule gehen konnte. Jetzt ist sie morgens eine der Ersten im Haus.

Wer sich in der Primaria umschaut, sieht zumeist spielende Kinder. Sie lachen. Sie wirken tiefenentspannt.

Aber Spielen und Lernen – das sind doch zwei völlig unterschiedliche Dinge, oder?

„Falsch", sagt Christoph Bornhauser. „Beim Spielen bauen sich die Kinder ein unerschütterliches Wissens- und Erfahrungsfundament. Um das zu verstehen, braucht man ein weites Blickfeld."

Bornhauser ist Leiter der Entwicklungsabteilung des reformorientierten Bildungszentrums SBW, das von der Grundschule bis zum Gymnasium alle Schulformen abdeckt und dem auch die Primaria angegliedert ist.

Das Haus, in dem Christoph Bornhauser sitzt, ragt in den Bodensee hinein. Eigentlich sind gerade Ferien. Dennoch ist die Schule voller Schüler – aber ohne Lehrer. Manche bereiten sich auf die Prüfungen zur Matura, dem Abitur, vor, andere lernen einfach so.

Das Gebäude ist Tag und Nacht zugänglich und unbewacht, jeder Schüler hat einen Schlüssel. Noch nie, sagt Bornhauser, sei etwas Gravierendes passiert. Das liege an dem Verantwortungsgefühl, dass die Schüler für sich selbst hätten, aber auch für das Material. Ein Wunder?

Bornhauser beschäftigt sich mit den Prozessen des menschlichen Gehirns und den neuesten Erkenntnissen der Neurobiologie. Mithilfe dieser Erkenntnisse werde die Art des Lernens am SBW und an der Primaria kontinuierlich verbessert.

„Kurz gesagt", sagt Bornhauser, „läuft das so: Wenn ich es schaffe, das Gehirn nicht zu ermüden, weil ich in einem angstfreien und anregenden Umfeld individuell angelegte Phasen von Entspannungs- und Spannungszustand zulasse, ist der Lernerfolg garantiert."

Er zeigt ein Foto von zwei Kindern, die versuchen, ein Gebäude aus Legobausteinen wegzutragen. „Genau in diesem Moment lernen die beiden, was Statik ist und wie man damit umgeht. Im Grunde ist Lernen für Kinder unausweichlich. Der Trick ist, sie zu lassen. Ein Kind, das seine Kindheit in Ruhe abschließen darf, kann möglicherweise blitzschnell durch die weitere Schulzeit kommen. Weil die Theorie eben auf eine solide Basis trifft."

Gerade hat ein früherer Schüler der Primaria schon mit 15 die Matura be-

Hier machen Kinder auch mal Luftsprünge: Die Primaria teilt sich das Gebäude mit einer Waldorfschule. Und sie können Großes bewegen – zum Beispiel die Erdteile richtig zusammensetzen, um mehr über Kontinentalplatten und Vulkanismus zu lernen

standen. Er wird nun Interdisziplinäre Naturwissenschaften studieren.

„Als wir die Primaria gründeten", sagt Ursula Taravella, „hatten wir das große Glück, dass der Kinderarzt Remo Largo gerade sein Buch ‚Kinderjahre' veröffentlichte." Es trägt den Untertitel „Die Individualität des Kindes als erzieherische Herausforderung" und entspreche recht genau ihrem Menschenbild.

Sie habe ihrem Mann immer gesagt, sie bekomme erst Kinder, wenn es eine vernünftige Schule für sie gebe. „Wenn man ein Löwenzahnkind hat", sagt sie, „dann ist es einfach: Das kann man überall hinsetzen, und es wächst. Aber was ist mit all den anderen?"

Der Widerstand der Behörden habe sie nicht überrascht, aber doch erstaunt. Peter Fratton, der die SBW gegründet

Wie fühlt sich der kühle Lehm auf der warmen Haut an? An einem heißen Sommertag beschließt der Lehrer spontan: Wir gehen baden

und den Vorstoß für die Primaria geleistet hat, erinnert sich an den Tag, an dem ein Schulinspektor kam, um die neuartige Schule zu besichtigen: „Er hat uns vorgeworfen, wir würden die Kinder überfordern. Mein Einwand, dass wir auf Nachfrage bei jedem Kind belegen könnten, was es am Ende jeder Woche gelernt habe, reichte nicht. Er wollte unbedingt etwas Förmliches."

Also haben sie eine Art Logbuch entwickelt. Eine Tafel, auf der die Lernziele eingetragen wurden und in einer zweiten Spalte das wirklich erreichte Ergebnis. Es sei, sagt Fratton, einfach der schriftliche Beweis dessen gewesen, was sie längst wussten: dass Kinder das Lernen nicht lernen müssen.

Eines Tages kam wieder der Inspektor. „Bist du der Inspektor?", fragte ihn ein achtjähriger Junge. „Dann schau dir das genau an. Das haben wir extra für dich gemacht."

AM NACHMITTAG halten Marie und Julia einen Vortrag. Jedes Kind darf referieren, wann immer es will, und eigentlich möchten alle. Es gibt ja so viel zu berichten. Über die Lavasteine aus Lanzarote vom letzten Urlaub, Kaubonbons, Frösche, die USA.

Einzige Bedingung: Für die Recherche sind zunächst die schuleigenen Bücher zu verwenden. Ungeklärte Fragen müssen notiert und erörtert werden, erst dann darf im Internet gesucht werden. „Die Kinder sollen lernen, welchen Informationen sie vertrauen können und welchen eher nicht", sagt Ursula Taravella.

Das Thema des heutigen Vortrags heißt „Pudel". Julia und Marie haben ihre beiden Tiere mitgebracht. Der größere stand Modell für ein Plakat, auf dem die verschiedenen Arten und der Ursprung des Pudels auf einer Pudel-Silhouette eingetragen sind. Material zum Anfassen gibt es natürlich auch.

„In der Tüte sind Pudelhaare", sagt Julia. „Die sind schon ein bisschen älter, darum stinken sie ein bisschen. Normalerweise stinken Pudel fast nicht."

Die Schüler der Primaria sind wahrscheinlich glücklicher und ganz sicher

sozial kompetenter, aber sie sind nicht zwangsläufig besser oder schlechter als die Kinder an der Regelschule. Manche schaffen es auf das Gymnasium, andere „nur" auf die Sekundarschule, wieder andere bleiben beim SBW und machen dort ihren Abschluss.

Es gibt auch Kinder, die mit der Selbstständigkeit nicht klarkommen. „Dann suchen wir nach den bestmöglichen Alternativen", sagt Ursula Taravella.

Es gehe vor allem darum, dass Kinder, Lehrer und Eltern sich gleichberechtigt begegnen. Es sei ein System, das nur funktioniere, wenn die Eltern die Interessen des Kindes im Blick hätten, auch in der Freizeit.

Die Primaria-Leiterin empfiehlt beispielsweise, das TV-Pensum auf ein Minimum zu reduzieren und stattdessen das spielerische Erleben zu fördern.

„Ich werde immer wieder gefragt, was denn das Aufnahmekriterium sei. Und darauf ist meine Antwort: Sie sind es. Wir brauchen Menschen um uns, die die gleichen Interessen haben."

Doch jedes System hat seine Grenzen. Manchmal schickt der Kanton Kinder zur Primaria, die an der Regelschule gescheitert sind. In solchen Fällen werden sogar die Kosten übernommen. „Im Allgemeinen blühen solche Kinder

Unterricht mit Hand und Fuß. Die Schulgründerin Ursula Taravella hilft bei den ersten Schreibversuchen. Hier wie auch in der Zirkusschule gilt: Am Anfang steht der Selbstversuch. Denn viele Dinge – etwa die Balance zu halten – lassen sich ohnehin am besten durch eigene Erfahrung lernen

recht schnell auf", sagt Ursula Taravella, „weil sie ernst genommen werden. Aber wir können nicht zu viele problematische Kinder nehmen. Sie würden die Harmonie der Gruppe stören, die zum Lernen so wichtig ist."

HARMONIE – EIN WICHTIGES WORT an der Primaria. Hier kann man gar nicht anders, als gelegentlich versonnen in den Wald zu blicken, wo die Sonne sich so schön zwischen den Ästen bricht.

„Heute ist so ein warmer Tag", sagt Jens Oberbeck pötzlich. „Wer will, kann mitkommen zum Goldacher Tobel, zum Abkühlen."

Ein paar Minuten später wandern 15 Kinder durch den Wald, vorneweg der Lernbegleiter mit einem Rucksack voller Seile, denn der Weg wird manchmal verflixt steil.

Der Wald ist ein fester Bestandteil im Wochenplan. Wer die Welt um sich wahrnimmt, lernt sie nicht nur zu schätzen. Es fällt auch leichter, den eigenen Platz darin zu finden.

„Ich möchte euch etwas über diesen Baum erzählen", sagt Jens Oberbeck und zeigt auf einen großen, verknitterten Stamm. „Die Eibe war nahezu ausgerottet. Und wisst ihr, warum? Weil man aus ihrem biegsamen Holz ganz vorzüglich Bogen fertigen konnte."

Schlagartig von einer Horde mittelalterlicher Kämpfer umgeben zu sein, die sich mit Stöcken Schwertkämpfe liefern, hat etwas Erfüllendes. Und wenn sich diese Kämpfer dann noch gackernd und glucksend in einen Bachlauf stürzen, dazu die Vögel zwitschern, dann ist das Glück komplett.

„Hey, seht mal", ruft der zehnjährige Alex da und hält einen grauen Klumpen in die Luft, „ich habe hier den tollsten Ton gefunden! Was können wir damit wohl alles machen?"

„Ja, was können wir damit machen?", fragt Jens Oberbeck in die Runde.

Eine Riesensauerei. Das vor allem. □

Die Berliner Autorin **Susanne Frömel**, 35, und der Züricher Fotograf **Markus Bühler-Rasom**, 40, hätten sich so eine Schule auch für sich gewünscht – obwohl Susanne Frömel auf dem Zirkus-Drahtseil patzte. „Aber es gibt bestimmt etwas anderes, das du gut kannst. Oder?", tröstete sie ein Kind.

Schule ohne ZENSUREN

Seit ihrer Einführung vor mehr als 100 Jahren sind Noten umstritten.
Viele Lehrer und Eltern wollen jedoch an ihnen festhalten. Dabei gibt es längst andere
Arten der Leistungsbewertung

VON FENJA MENS (TEXT) UND DANIEL MATZENBACHER (ILLUSTRATION)

Mit dem Latein hatte Otto von Bismarck als Schüler seine liebe Not. Die fremden Worte wollten einfach nicht in seinen Kopf. Ein „Mangelhaft" schrieb ihm sein Lehrer dennoch nicht ins Zeugnis. Stattdessen notierte der Pädagoge dort den Satz: „Fortschritte sind zu erhoffen".

Was aus heutiger Sicht erstaunlich nachsichtig klingt, war um 1830 kein ungewöhnlicher Kommentar. Ohnehin etablierten sich Abschlusszeugnisse an höheren Schulen erst allmählich. Sie sollten sicherstellen, dass der Zugang zur Universität nicht mehr auf Herkunft beruhte, sondern auf Leistung.

Zensuren kamen sogar erst um 1900 auf – und in der Zeit danach entbrannte ein Streit über das Für und Wider, der bis heute andauert.

Immerhin sind sich die Experten inzwischen einig, dass die Noten eine Objektivität vortäuschen, die man Zensuren nicht zuschreiben sollte. Wissenschaftliche Versuche haben gezeigt, dass der gleiche Deutschaufsatz von manchen Lehrern mit einer Eins bewertet wird, von anderen mit einer Fünf.

Und selbst in Mathematik: Die gleiche Arbeit wurde von 153 Lehrern höchst unterschiedlich beurteilt. Sieben Prozent gaben eine Eins, zehn Prozent werteten sie dagegen mit Vier oder gar Fünf.

„Dem einen war nur wichtig, dass die Lösung richtig ist, der zweite legte Wert auf den korrekten Rechenweg, der dritte auf die begleitenden Erklärungen", sagt Hans Brügelmann. Der Pädagogikprofessor forscht seit Jahren darüber, wie sich Leistung in der Schule beurteilen lässt. Zwei seiner Erkenntnisse: Häufig bekommen Migrantenkinder bei gleicher Leistung schlechtere Noten als deutschstämmige, ruhige Schüler bessere als notorische Störenfriede.

Eine Studie der Universität Oldenburg zeigte zudem, dass Grundschullehrer Kinder mit Namen wie Kevin, Marvin, Chantal oder Justin als schwächer einschätzen als einen Maximilian oder eine Nele.

Für die Notenvergabe kann selbst die Tagesform des Lehrers oder der Platz

Kinder wollen Noten – aber natürlich nur gute Noten

der Arbeit im Stapel einen Ausschlag geben: „Legt man einem Lehrer eine Arbeit ein zweites Mal vor, kommt er nicht selten zu einem anderen Urteil", berichtet Hans Brügelmann.

Zudem vergleichen Noten vor allem die Kinder einer Klasse miteinander, sagen aber nur wenig darüber aus, ob ein Schüler sich verbessert hat und wie sein individueller Leistungsstand ist – denn eine Drei in einer starken Lerngruppe

hat logischerweise eine ganz andere Bedeutung als in einer schwachen.

Berichtszeugnisse verraten da schon mehr. Im besten Fall beschreibt ein Bericht, wo Stärken und Schwächen eines Schülers liegen und was die nächsten Lernschritte sind. Gespräche mit Eltern und Schülern sollten ihn ergänzen.

Doch Umfragen zeigen, dass sich viele Lehrer eine Schule ohne Noten kaum vorstellen können – zum einen wegen des größeren Zeitaufwands für Berichtszeugnisse, zum anderen wegen der Eltern: Denn die bevorzugen Noten. So votierten in Berlin rund 86 Prozent der Eltern der 3. und 4. Klassen für Zensuren. Auch Kinder, so heißt es oft, schätzen Zensuren. „Kinder wollen gute Noten, weil sie auf ein Erfolgserlebnis hoffen", stellt der Lehrerausbilder Manfred Bönsch von der Universität Hannover klar.

Wer aber schlechte Zensuren bekommt, leidet oft darunter. So ergab eine Umfrage, dass sich ein Drittel der Neun- bis 14-Jährigen davor fürchten, in der Schule zu versagen.

Die Angst ist nicht unbegründet, schließlich sprechen Zensuren Lebenschancen zu: „Wir sind in Deutschland auf Noten fixiert, weil wir ständig Kinder aussortieren. Das ist in anderen Ländern anders", gibt Hans Brügelmann zu bedenken.

Am Ende der Schulzeit sei eine Auslese mittels Noten zwar unvermeidbar – vorher aber könne sie schnell alle

– kann das funktionieren?

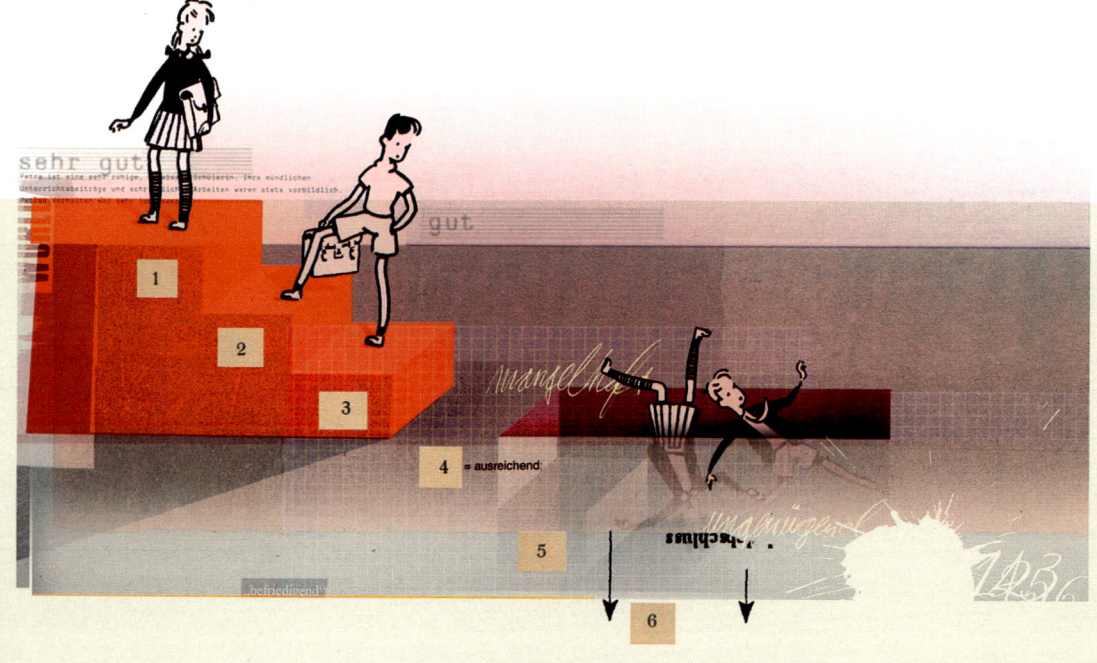

Eine Vier, Fünf oder Sechs gilt als persönliche Niederlage –
motivierend ist so eine Zensur nicht

Motivation zerstören. Schüler sollten vielmehr an ihren individuellen Lernfortschritten gemessen werden.

Ende der 1990er Jahre vergaben Grundschulen nur in den letzten beiden Jahren Noten. Doch nach den miserablen ersten PISA-Ergebnissen schwang das Pendel in die andere Richtung: In Bayern und Sachsen erhalten nun bereits Zweitklässler wieder Zensuren. Für viele Experten ist das eine kuriose Entwicklung, schließlich haben starke PISA-Länder wie Finnland und Schweden die Noten bis über die Grundschuljahre hinaus durch Lernberichte ersetzt.

Inzwischen bewegt sich aber wieder etwas: In Hamburg sollen 54 Schulen, darunter auch Gymnasien, neue Arten der Leistungsbeurteilung erproben – zum Beispiel Lernstandsgespräche mit Zielvereinbarungen. In Rheinland-Pfalz führen Grundschüler in Englisch und Französisch „Portfolios", die ihre Entwicklung über mehrere Jahre hinweg dokumentieren. Auf Fragebögen schätzen die Kinder ihre Leistung selber ein.

Neben Symbolen wie Ohr, Mund, Brille und Stift stehen dann Aussagen wie: „Ich kann verstehen, wenn mich jemand begrüßt" oder „Ich kann sagen, wie es mir geht, und es begründen". Die Schüler malen daneben ein lachendes, neutrales oder trauriges Gesicht und sprechen mit dem Lehrer darüber.

Ein weiterer Bestandteil der Portfolios ist der „Sprachenschatz": Jedes Kind legt Arbeiten hinein, mit denen es ein besonderes Lernerlebnis verbindet. Das kann ein Liedtext sein, den es gern gesungen hat, oder ein Blatt mit den ersten Wörtern, die es lesen konnte.

Auch in Berlin geht die Schulverwaltung neue Wege. Dort können Grundschulen seit zwei Jahren „Indikatoren-Zeugnisse" einsetzen. Darin ist jedes Fach in Teilbereiche unterteilt, in Deutsch unter anderem in „Sprechen und Zuhören".

Die Bereiche sind weiter untergliedert nach Kompetenzen: „Erschließt die Bedeutung von Wörtern aus dem Kontext", heißt es da etwa. Der Lehrer bewertet den Schüler dann anhand einer vierstufigen Skala von „gering ausgeprägt" bis „sehr ausgeprägt".

Dieses Prinzip komme bei Eltern und Pädagogen gut an, sagt Dagmar Wilde von der Berliner Senatsverwaltung für Bildung, Wissenschaft und Forschung. „Viele loben, dass sie nun genauer wissen, nach welchen Kriterien sie die Schüler beobachten sollen."

Die Portfolios wie auch die Indikatoren-Zeugnisse sind in verständlicher Sprache formuliert, verbindliche Gespräche mit Eltern und Schülern ergänzen sie. Mit Kuschelpädagogik habe das nichts zu tun, so Dagmar Wilde, wohl aber mit dem Anspruch, jeden Schüler so zu motivieren, dass er sein Potenzial ausschöpft.

Denn dass sich aus den schulischen Leistungen nicht zwangsläufig Rückschlüsse auf die Fähigkeiten eines Menschen ziehen lassen, zeigt schon das Beispiel des späteren Reichskanzlers Otto von Bismarck. □

2010 werden Träume wahr:

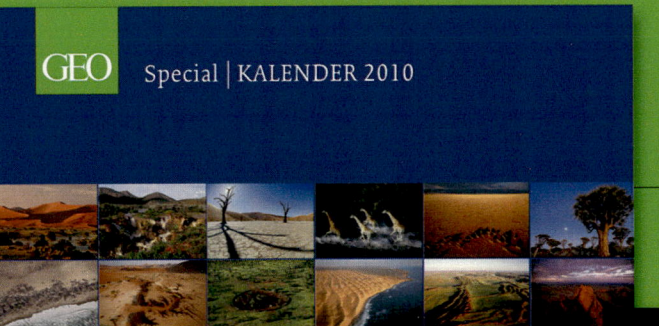

GEO Special | KALENDER 2010

Namibia

GEO Special: Namibia

Wenn es um Träume geht, so hört man von Ländern wie Namibia und Botswana. Den glücklichen Ausnahmen, dem anderen Afrika. Wer durch diesen Kalender blättert, wird wissen warum: gewaltige Zebraherden, weite Horizonte, grandiose Naturjuwelen. Jeder Monat entführt – an einen neuen Sehnsuchtsort.

Format: 50 x 45 cm
Preis: € 29,- / € [A] 29,30 / CHF 49.-
Best.-Nr.: G 661000

Januar

November

10% Rabatt
- Für GEO-Abonnenten bei jedem Kalender!
- Für Besteller von mehr als einem Kalender auf den regulären Einzelpreis!

GEO Special | KALENDER 2010

Der südliche Kosmos
Auf den Spuren des Naturforschers Darwin

PETER GINTER

GEO Special: Der südliche Kosmos – Auf den Spuren des Naturforschers Darwin

Vielleicht keine Expedition davor und danach hat zu einer vergleichbaren Revolution bei der Erklärung des Lebens geführt wie jene, die der 1809 geborene Naturforscher Charles Darwin an Bord der „Beagle" begann. Dieser Kalender lässt teilhaben – an einer abenteuerlichen Weltreise auf den Spuren des Genies.

Format: 50 x 45 cm
Preis: € 29,- / € [A] 29,30 / CHF 49.-
Best.-Nr.: G 661100

Februar

März

Eine internationale Familie: der Vater Deutscher, die Mutter Italienerin, die Heimat der drei Kinder Paris

MR. PISA
oder wie einer auszog, das Wissen zu messen

Für so manchen Verfechter des hiesigen Schulsystems ist
Andreas Schleicher ein Miesmacher, ein Provokateur. Und doch hat er mit
der PISA-Studie die wichtigste Bildungsdebatte der vergangenen
Jahrzehnte angestoßen. Was treibt ihn an?

VON MARION ROLLIN (TEXT) UND DEREK HUDSON (FOTOS)

Die Anschauungen von Vater und Sohn könnten gegensätzlicher nicht sein. Der Vater, Klaus Schleicher, 74, Erziehungswissenschaftler im Ruhestand, sagt nach vielen Jahrzehnten Erfahrung: „Bildung kann man nicht messen."

Für seinen Sohn Andreas dagegen, 45, den vergleichenden Bildungsforscher, sind Leistungstests eine wichtige Grundlage seiner Wissenschaft. Er sagt: „Bildung kann man sehr wohl messen." Denn was sich nicht messen lasse, könne man schwerlich verbessern.

Kann er den Vater überzeugen?

Abendbesuch in Chatou, westlich von Paris. Gellende Schreie voller Lebenslust. Drei Kinder, sieben, elf und 13, springen auf einem Trampolin im Vorgarten. Später, während des Gesprächs, sind Geigenklänge zu hören. „Das ist Lucia, unsere Elfjährige", sagt Andreas Schleicher. Es sei ihm wichtig, dass seine Kinder eine Sache „wirklich durchziehen und konsequent zu Ende führen".

„Konsequent": Das ist sein Lieblingswort, und auch wenn er mit leiser Stimme spricht, ahnt man, wie ernst es ihm damit ist.

KINDER SIND Andreas Schleicher wichtig. Von Berufs wegen sind es vor allem die Schulkinder, deren Kompetenzen er als oberster PISA-Koordinator seit vielen Jahren messen lässt. Es ist über ihn zu lesen, dass er ein fast fanatisches Interesse am Bildungsstand der 15-Jährigen habe. Scharf und schonungslos in seiner Kritik sei. Undiplomatisch.

Ein Besucher erwartet also keinen Gastgeber, der einen mit seiner Herzlichkeit spontan für sich einnimmt. Sitzt man ihm jedoch gegenüber, lernt man einen zurückhaltenden Mann kennen, mit sparsamer Gestik, interessierten Nachfragen und offenem Blick.

Wer ist dieser Andreas Schleicher, der es innerhalb weniger Jahre fertiggebracht hat, das Thema Bildung nach vorn in die Meldungen zu katapultieren? Weshalb beschäftigt sich ein gelernter Physiker und Mathematiker so vehement mit Bildungsfragen?

Schleicher gerät für einen kurzen Moment ins Schwärmen: „Thomas Neville Postlethwaite hat mein Leben verändert." Dem vergleichenden Erziehungswissenschaftler begegnete der junge Physikstudent nach seinen ersten Semestern an der Universität Hamburg, als er aus Interesse eines der Seminare von Postlethwaite besuchte.

Es ging um eine international vergleichende Lesestudie, und Postlethwaite fragte Schleicher: „Was können wir von Ihnen lernen? Können wir Ihre Methoden aus der Physik in das einbringen, was wir hier machen – nämlich Leistungsgewinne bewerten?"

Der junge Student, überrumpelt und zugleich herausgefordert, entwickelte eine Methodik zur Erhebung und Auswertung der Daten. Das gelang ihm so

»Eine Struktur zu erfassen, zu bewerten und eine Wissenschaft daraus zu machen – das hat mich fasziniert«

gut, dass ihn der Professor einlud, das Ergebnis auf einer Bildungskonferenz in Washington zu präsentieren.

Doch das traute sich Schleicher nicht zu: Er spreche zu schlecht Englisch.

Dann solle er die Sprache gefälligst lernen, entgegnete Postlethwaite.

Dafür blieben gerade einmal sechs Wochen Zeit. Schleicher lernte nächtelang Vokabeln. Noch auf dem Podium zitterte er vor Angst. „Mein Vortrag muss für die Zuhörer ein Grauen gewesen sein", erinnert sich Schleicher.

Doch die Überforderung zahlte sich aus: Von da an machten ihm Vorträge auf Englisch nicht mehr viel aus.

Nach einigen Semestern vermittelte Postlethwaite ihm ein Stipendium an der Deakin University in Australien. Dort machte Schleicher den Master of Science in Mathematik und Statistik, schloss mit einer preisgekrönten Arbeit

ab. Er wollte nie das ganze Leben lang Physiker sein, doch sei ihm die Denkweise eines Physikers wichtig: „Eine bestimmte Struktur zu erfassen, zu bewerten und eine Wissenschaft daraus zu machen – das hat mich schon früh fasziniert."

Andreas Schleicher ist noch keine 30, als ihn die Organisation für wirtschaftliche Zusammenarbeit und Entwicklung (OECD) in ihre Bildungsabteilung nach Paris holt. Ein Jahr darauf, 1995, ruft sein Chef, der Brite Tom Alexander, die Bildungsminister der 25 Mitgliedsstaaten in Paris zusammen.

Die Politiker, so Alexanders Vorschlag, sollen über ihre jeweiligen Bildungssysteme diskutieren, voneinander lernen. Doch dazu kommt es nicht – vielmehr lässt jeder Minister die anderen verstehen, dass es in seinem Land selbstverständlich am besten laufe.

Verzweifelt spricht Tom Alexander in der Kaffeepause mit Andreas Schleicher. Fragt ihn, wie man die Minister bewegen könne, ernsthaft über eine Verbesserung der Bildungssysteme zu diskutieren. Man brauche so etwas wie einen Spiegel, sagt Alexander, in dem sich jeder im Vergleich zu den anderen sehe, eine objektive Basis.

Geradezu blitzartig habe es da bei ihm gefunkt, erinnert sich Schleicher. Drei Wochen lang setzt er sich Tag und Nacht an ein Konzept.

Heraus kommt das „Programme for International Student Assessment", mit dessen Hilfe Schulleistungen beim Lesen, in Mathematik und in Naturwissenschaften verglichen werden sollen.

FÜNF JAHRE SPÄTER wird dieser PISA-Test an den Start gehen – und zur weltweit größten Bildungsstudie werden. Doch bis es so weit ist, bedarf es intensiver Überzeugungsarbeit.

Zwar ist Tom Alexander von Andreas Schleichers Konzept begeistert. Doch ist er auf die Zustimmung der Bildungsminister angewiesen. Und deren Widerspruch ist heftig: zu teuer, technisch unmöglich, methodisch nicht umsetzbar!

Andreas Schleicher erinnert sich noch heute an die Bedenken, die ein deutscher Vertreter vorbringt: „Ich weiß ja noch nicht mal, was in Niedersachsen geschieht. Wieso soll ich mich da für Korea interessieren?"

Kaum einer der Politiker kann Schleichers Idee nachvollziehen, mithilfe des Blicks auf unterschiedliche Bildungssysteme in anderen Ländern die nationalen Strukturen klarer zu sehen. Doch nach zähen Verhandlungen stimmen alle für PISA – einige freilich eher aus Angst, am Ende allein dazustehen.

KLEIN FÄNGT Schleicher an, mit nur einer Sekretärin. Heute sind 28 Mitarbeiter in seiner „Abteilung für Indikatoren und Analysen im Bildungswesen" beschäftigt. Doch nur vier von ihnen sind mit PISA befasst. „Das reicht aus", sagt Schleicher. „Meine Arbeit wird leicht überschätzt." Er sei ja nur der Koordinator, der auf einen gemeinsamen Nenner bringe, was ihm Bildungsforscher aus den OECD-Ländern liefern: Vorschläge für die Testfragen und deren Auswertung.

Doch Schleicher zeigt, dass sich auch so eine Lawine lostreten lässt – und beschert Deutschland 2001 den PISA-Schock. Die erste Testetappe, bei der in 32 Staaten jeweils zwischen 4500 und 10 000 Schüler im Alter von 15 Jahren auf dem Prüfstand stehen, erbringt ein niederschmetterndes Resultat: In allen drei Kompetenzfeldern belegen deutsche Schüler nur Pätze im hinteren Drittel. Bei der Lesekompetenz landen sie auf Platz 21, in Mathematik und Naturwissenschaften jeweils auf Platz 20.

Vorn zu finden sind Finnland, Japan und Südkorea, am Ende Mexiko, Brasilien und Luxemburg. Das schlechte Abschneiden Deutschlands hat niemand erwartet. Auch Schleicher nicht.

Besonders alarmierend: Der Leistungsabstand zwischen Schülern aus privilegierten Familien und jenen aus den unteren sozialen Schichten ist nirgendwo so groß wie in Deutschland.

Ein Weckruf für Bildungspolitiker, Wissenschaftler und Lehrer. Konferenzen werden einberufen, Kongresse tagen, Medien machen mit dem Thema Schlagzeilen.

Es kommt zu ersten Reformen: Schüler aus Einwandererfamilien werden stärker gefördert, die Kultusminister investieren in frühkindliche Bildung, entwickeln für bestimmte Fächer erstmals bundesweite Standards.

Die deutschen Schüler holen auf. In der zweiten Testetappe 2003, mit dem Schwerpunkt auf Mathematik, stehen sie besser da, liegen aber immer noch unter dem OECD-Durchschnitt.

Und 2006 – in der dritten und bisher letzten Etappe des ersten PISA-Zyklus – belegen sie in Naturwissenschaften unter inzwischen 57 Teilnehmer-Ländern den achten, in Mathematik und Lese-

> »Das läuft doch
> immer so: Der Über-
> bringer schlechter
> Nachrichten bekommt
> dafür Prügel«

kompetenz den 14. Platz. Doch noch immer ist der Schulerfolg in Deutschland besonders stark von der sozialen Herkunft abhängig – und das hält Schleicher den Politikern gnadenlos vor.

Der PISA-Mann bekommt daraufhin scharfen Gegenwind: Ein „Miesmacher" sei er, schreibt eine Zeitung, ein Provokateur, konstatiert eine andere. Schleichers Konzept sei technokratisch: Gemessen werde allein die Fähigkeit, in Tests gut abzuschneiden; Bildung werde auf bloße Wissensfragen reduziert.

„Das läuft doch immer so", beschwichtigt der Mann aus Paris. „Der

Überbringer schlechter Nachrichten bekommt dafür Prügel. Wir halten den Politikern den Spiegel vor. Und denen gefällt nicht, was sie sehen."

BIS HEUTE, so Schleicher, gebe es ein großes Missverständnis um PISA. Denn es gehe in dem Test keineswegs um Fachwissen. Fakten und Formeln würden den Schülern ja sogar mitgeliefert.

Beispiel Klimawandel: In der Aufgabenstellung wird den Schülern verraten, wie die Verbrennung von Kohle, Öl und Erdgas sowie die Rodung von Wäldern zur Entwicklung von Treibhausgasen in der Atmosphäre beitragen. Dieses Wissen sollen sie dann aber auf neue Zusammenhänge übertragen, Ursache und Wirkung auseinanderhalten, Schlussfolgerungen ziehen.

Mehr als neun Millionen Schüler haben sich über solche und Dutzende andere Aufgaben in jeweils zweistündigen Tests die Köpfe zerbrochen.

Sie haben Preise unterschiedlich großer Pizzen miteinander verglichen. Haben Zugverbindungen ausgeknobelt, Bienentänze entschlüsselt, Bremsstrecken berechnet. Oder zwei einander widersprechende Meinungen – pro und contra Graffiti – gegeneinander abgewogen und dann für eine Partei ergriffen.

Alle Schüler bekamen die gleichen Fragen, ob in Südkorea oder in Deutschland, an der Hauptschule oder am Gymnasium. Und nicht immer schnitten Deutschlands Gymnasiasten besser ab als die Hauptschüler.

Beruf und Privatleben sind bei den Schleichers eng miteinander verflochten: Maria Teresa Siniscalco Schleicher war technische PISA-Leiterin in Italien. Die Kinder Sophia, 7, Matheo, 13, und Lucia, 11, spielen alle ein Musikinstrument

Und es gab Zusatzfragen an jeden Schüler – etwa nach seinem häuslichen Umfeld: Gibt es dort Platz, um sich für die Hausarbeiten zurückzuziehen? Ist jemand da, der einem dabei helfen kann? Lernt der betreffende Schüler lieber allein oder mit anderen? Wie schätzt er selbst seine Fähigkeit ein, Herausforderungen zu überwinden?

„Denn zur Kompetenz", so Schleicher, „gehört auch das Wissen um die eigenen Stärken und Schwächen."

Er selbst ist nicht gern zur Schule gegangen. Andreas, 1964 in Hamburg als zweites von fünf Kindern geboren, hat keine Lust zu lernen. Er ist ängstlich, scheu, verträumt. Langweilt sich. Hat schlechte Noten in allen Fächern. Er kommt dennoch aufs Gymnasium – der Bonus eines Professorensohns?

Heute ist Schleicher ein entschiedener Gegner des gegliederten Schulsystems, denn es bringe ein System der Gleichmacherei hervor. Die Schüler bekämen alle einen Einheitsunterricht. Dabei fielen nicht nur schwache Schüler aus dem Raster, sondern auch die Spitzenschüler.

„Ich bin davon überzeugt", resümiert Andreas Schleicher, „dass der konstruktive Umgang mit der Unterschiedlichkeit der Schüler die große Herausforderung unserer Zeit ist." Lehrer müssten so ausgebildet werden, dass sie an der Heterogenität Spaß hätten. Er plädiert für eine „integrierende Schule", in der jeder Schüler seinen Fähigkeiten entsprechend gefördert werde.

Auch im Gymnasium langweilt sich der junge Andreas. Sein Biologielehrer erzählt Angelesenes nach. „Vorgefertigtes Wissen, das ich lernen musste. Und später dann wiedergeben. So war der Unterricht." Lieber wäre er in den Wald gegangen, hätte gesammelt, analysiert, experimentiert. „Ich sehe es an meinen Kindern: Man braucht denen nur eine Idee zu geben. Dann forschen sie weiter."

Er selbst ist ein Spätentwickler, legt erst in der 9. Klasse los. Was hat sein Leben in eine neue Spur gebracht? „Ein Dirigent und eine Geige", antwortet er spontan. Was weder das Gymnasium schafft noch die Waldorfschule, auf die

er später wechselt, bringt sein Orchesterleiter zustande: Mit 14 Jahren beginnt der immer noch schüchterne Junge, Geige in einem Jugendorchester zu spielen – und strengt sich zum ersten Mal in seinem Leben wirklich an.

Übt täglich drei Stunden. Steht dafür schon morgens vor sechs auf. „Der Dirigent stellte die höchsten Anforderungen an uns", sagt Schleicher. „Aber er hat auch jeden Einzelnen dazu gebracht, größten Einsatz zu zeigen." Die Geige von damals besitzt Schleicher noch heute.

Das Spiel im Orchester verändert seine Einstellung zur Schule. Er entdeckt, dass Leistung und Disziplin Spaß machen können. Sein Abitur schließt er mit der Durchschnittsnote „Eins" ab.

BESUCH IN SCHLEICHERS BÜRO im OECD-Gebäude. Drei Körpervisiten, ehe man zu ihm in den 3. Stock gelangt. Hier ist nichts repräsentativ, keine Fotos, keine Kunst, keine Blumen. Schleicher sitzt im blauen Oberhemd da. Gelassen. Seine belgische Assistentin legt ihm Dokumente hin. „Bonjour, Andreas."

Was macht, nach all den Studien, die ideale Schule aus?

Nahe am Wohnort sollte sie in jedem Fall liegen, sagt Schleicher, damit die Kinder nicht aus ihrem Umfeld gerissen werden. Ein wenig Finnisches müsste sie haben, damit die individuellen Stärken der Kinder gefördert werden. Ein Schuss Japan müsste dazu, weil das Kollegium dort vorbildlich zusammenarbeite.

Auch ein Quantum England dürfte nicht fehlen: Dort schätzt Schleicher den Mut zu klaren Leistungsperspektiven. Aus israelischen Schulen würde er die Lust am Diskurs importieren – Fehler würden dort nicht bestraft, sondern unter dem Aspekt „Versuch und Irrtum" betrachtet.

Norwegisch müsste es ebenfalls zugehen: Kindergarten und Grundschule sollten miteinander vernetzt sein. Unbedingt gehörte auch eine Portion Kanada ins Konzept, denn dort vergeben die Provinzregierungen Geld pro Schüler; und wer als Schulleiter mit besonderen Problemen zu kämpfen habe, bekomme mehr Geld.

Aus Belgien würde er übernehmen, dass den Schülern dort viel Verantwortung zugemutet wird. Und aus Deutschland die Wertschätzung der musischen Fächer.

So etwas gibt es natürlich nicht. Um diesem Ideal etwas näher zu kommen, folgen nun die nächsten drei PISA-Etappen: 2009 geht es vor allem um Lesekompetenz, 2012 um Mathematik, 2015 um Naturwissenschaften.

Schleicher will dabei auch die Teamfähigkeit der Teilnehmer testen lassen. Dafür bekommen einzelne Schüler in bestimmten Aufgaben jeweils nur Teilwissen präsentiert, sodass sie ihre Aufgabe nicht ohne die anderen lösen können. Zudem will er herausfinden, wie weit 15-jährige Schüler schon bereit sind, Verantwortung in der Gesellschaft zu übernehmen.

Denn letztlich stünden hinter PISA, so Schleicher, drei Fragen:

• Werden die Jugendlichen heute in der Schule gut genug gerüstet, um sich in der Welt von morgen zurechtzufinden?

• Verfügen sie über jene Grundkompetenzen, auf deren Basis sie sich selber Bildung aneignen können?

• Und können sie das, was sie in der Schule gelernt haben, auf neue Zusammenhänge übertragen?

Am Ende aller PISA-Etappen hofft er darauf eine Antwort zu finden.

IST BILDUNG ALSO MESSBAR? Hat Andreas Schleicher seinen Vater überzeugen können?

Klaus Schleichers einst herbe Kritik an der empirischen Bildungsforschung falle heute etwas moderater aus, sagt sein Sohn.

Schleicher senior halte sie zwar noch immer für eine „begrenzte Sichtweise", doch kürzlich habe er PISA-Zahlen über die ökologische Kompetenz von 15-Jährigen in einer eigenen Forschungsarbeit über Umweltbildung verwendet.

„Das freut mich natürlich", sagt Andreas Schleicher und lächelt. □

Die Autorin **Dr. Marion Rollin**, 63, hat sich für GEO-WISSEN schon häufiger mit Bildungsthemen befasst. **Derek Hudson**, 56, wohnt in Paris und hat den PISA-Erfinder daheim besucht.

WENN LEHRER

Zum Technikkurs von Knut Langhans am Vincent-Lübeck-Gymnasium Stade kommen viele Schüler freiwillig am Nachmittag – und bauen beispielsweise Würfel aus Tausenden farbiger Leuchtdioden

VORBILDER

BEGEISTERN

Trotz aller Reformdiskussionen um das richtige Lehrkonzept, trotz aller Bemühungen von Eltern, für ihre Kinder die perfekte Schule zu finden: Ohne gute Pädagogen gibt es keinen guten Unterricht – so einfach ist das. Dirk Liesemer (Text) und Frank Wache (Fotos) stellen sechs außergewöhnliche Lehrer vor

WAS IST DAS SCHÖNSTE AN IHREM BERUF?
Wenn in der Klasse die Köpfe rauchen und den Kindern intuitives Wissen plötzlich bewusst wird. Dann denke ich: Heute habe ich mein Geld verdient.

WAS IST DAS BELASTENDSTE AN IHREM BERUF?
Dass ich auf dem Weg zur Klasse oft 27 Entscheidungen fällen muss. Vor allem aber, wenn ich mir vergegenwärtige, wie manche Kinder aufwachsen und was sie zu Hause erdulden müssen.

WAS WÜNSCHEN SIE SICH VON IHREN SCHÜLERN?
Lernfreude! Dass sie Lust aufs Leben haben.

Den Ruheraum der Erika-Mann-Grundschule hat

Karin Babbe auf Initiative ihrer Schüler einrichten lassen

Die Gestalterin

Karin Babbe, 54, Erika-Mann-Grundschule, Berlin

Kurz vor acht: Karin Babbe eilt durch die Flure ihrer Schule. Im Treppenhaus zupft sie an Drähten, die am Geländer gespannt sind. Eine Melodie erklingt.

Seit 30 Jahren unterrichtet sie im Wedding, dem Berliner Arbeiterbezirk, seit 14 Jahren ist sie Rektorin einer Grundschule. Kennt Tausende Lebenswege, Tausende Probleme. Trunksucht, Gewalt, Armut. 600 Kinder besuchen ihre Schule, aus 23 Nationen. Viele beherrschen weder die Muttersprache noch Deutsch.

Auf dem Weg zu ihrer Klasse erzählt Karin Babbe von einem begabten Achtjährigen. Dass er es mit der richtigen Förderung auf die Realschule schaffen könnte. „Doch er hat es nicht leicht, lebte mit den Geschwistern sogar unter einer Brücke."

Sie besuchte die Mutter, als der Sohn wieder im Unterricht fehlte. Plötzlich standen sechs Kinder im Unterhemd vor ihr. Sechs Kinder von sechs Männern. „Heute ist Waschtag", erklärte die Mutter. Man habe nichts zum Wechseln. Karin Babbe ließ im Kollegium sammeln, auch eine Waschmaschine fand sich. Seither kommt der Junge regelmäßig zur Schule.

Um halb neun erklingt bei den Erst- und Zweitklässlern ein Glöckchen: 80 Minuten Sprachtraining. Mit deutlicher Gestik und Mimik betont Karin Babbe jedes Wort: Seht her, so spricht man es aus! Es gibt auch Sprachspiele – und zwei Stunden pro Woche Theater, für das die Schüler eigene Stücke schreiben.

Dann betreten „Feen", die draußen auf ihren Auftritt gewartet haben, den Klassenraum.

„Flüstert ihnen mit klarer, aber leiser Stimme ins Ohr, was sie vorführen sollen!" Nur wer deutlich spricht, wird verstanden.

Zur Erfassung der Lernfortschritte hat Karin Babbe ein ausgeklügeltes Bewertungssystem entwickelt. Für Deutsch etwa wird angekreuzt, wie gut Kinder Bücher lesen, wie oft sie Lexika benutzen. Ob sie sich fantasievolle Texte ausdenken, Rechtschreibregeln anwenden.

Vor jedem Halbjahr bittet die Rektorin zum Gespräch zwischen Kind, Eltern und Lehrer. Wie schätzen sich die Schüler ein? Was sollten sie erreichen? Noten erhalten die Jungen und Mädchen erst ab der 5. Klasse.

Als das Glöckchen zur Pause klingelt, stürmen einige Kinder hinaus auf den Hof, andere lassen sich einen Pausenpass geben, für Werkraum, Bibliothek, Lesewald – oder für den Ruheraum, der auf Wunsch des Schulparlaments eingerichtet wurde und in dem sich die Kinder schlafen legen können. Denn manche werden schon morgens um sechs zur Schule gebracht, andere erst abends um sechs abgeholt.

„Und schauen Sie", sagt Karin Babbe und zeigt auf einen zugerankten Innenhof, „unser Silberdrachenwald". Hier verstecken sich Drachen, selbst gebastelte.

Die Rektorin mag solche Geschichten; sie regten die Fantasie der Kinder an. Eine gute Schule brauche Märchen – und Kinder in sozialen Brennpunkten brauchten die besten Schulen.

Der Motivator

Jean-Pol Martin, 66, Willibald-Gymnasium, Eichstätt

Was geschah 1968 in Paris? „Die Studenten demonstrierten gegen die Regierung", sagt ein Elftklässler auf Französisch. Eine Mitschülerin vorn am Lehrerpult hakt nach: „Pourquoi et contre qui", weshalb und gegen wen?

Jean-Pol Martin steht daneben und beobachtet, wie sie seine Stunde leitet, die Klasse befragt, Erklärungen fordert. Plötzlich springt er auf und will, dass eine Schülerin einen Disput vorführt: „Steh auf, denk dir was aus!"

Martin, Lehrer und emeritierter Professor für Didaktik des Französischen, nennt seine Unterrichtsmethode „Lernen durch Lehren". Wer eine Klasse begreifen wolle, müsse sie als neuronales Netz betrachten: Jeder Schüler sei mit anderen verbunden, feuere wie eine Nervenzelle seine Ideen ab und erhalte Informationen zurück. Der Lernende sei immer auch Lehrender.

„Wissen Sie, ich twittere", verrät Martin später. Jeden Tag verschicke er zwei Stunden lang Kurzbotschaften übers Internet. Und so stellt er sich auch den perfekten Unterricht vor: Man versendet in kurzen Abständen seine Gedanken, erhält sofort Antwort, treibt das Geschehen so voran. Lernen und lehren gleichzeitig.

In den vergangenen 30 Jahren hat er eine Gruppe von rund 1000 Lehrern aufgebaut, die seine Methoden anwenden.

Mit einer Klasse war der gebürtige Franzose vor einiger Zeit im Theater, gespielt wurde das absurde Stück „Rhinocéros", in dem sich die Menschen in eine Horde trampelnder Nashörner verwandeln – sich gewissermaßen einer Diktatur anpassen. Am Ende deklamierte ein Schauspieler einen letzten, verzweifelten Satz: „Wehe dem, der seine Originalität bewahren will." Daraufhin standen die Schüler auf und wiederholten seinen Ausruf. Sie hätten, erzählt Martin, dem Autor damit sagen wollen: „Du bist nicht allein. Wir sind bei dir."

Der Regisseur tobte. Und Martin, so erinnert er sich, dachte: „Wow, diese Schüler setzen meine Kommunikationsideen in aller Radikalität um. Sie haben begriffen, dass ein Wort stets das andere geben muss, dass es kein letztes Wort geben darf. Denn sonst endet die Kommunikation – und damit das Denken."

Am Ende der Französischstunde händigt Martin seinen Schüler-Lehrern die Texte für die nächste Woche aus. Daheim sollen sie den Stoff so gründlich vorbereiten wie eben ein Lehrer.

Vielleicht überlegen sie sich ja ein Kurzreferat über jenen Streit, den der damals eher konservative Jean-Pol während der Mai-Unruhen 1968 mit dem legendären Studentenführer Daniel Cohn-Bendit hatte. Nicht länger als drei, vier Minuten soll der Vortrag dauern und die Klasse zu einer Debatte verführen.

Martin hält ein altes Zeitungsfoto mit der Szene von damals in der Hand und meint entschuldigend, er sei damals halt sehr rückwärtsgewandt gewesen. „Meine Schüler", sagt er später, „sind viel wacher und aktiver als ich einst."

Kunst-Installation an der Uni Eichstätt: Hier hat Jean-Pol Martin seine

Methode an Hunderte junger Lehrer weitergegeben

WAS IST DAS SCHÖNSTE AN IHREM BERUF?
Der Synergie-Rausch, der entsteht, wenn alle gemeinsam einen neuen Gipfel des Wissens erklimmen.

WAS IST DAS BELASTENDSTE AN IHREM BERUF?
Wenn sich Lernsituationen nicht ausreizen lassen und man ständig neuen Input geben muss, der zu schnell wieder verfliegt.

WAS WÜNSCHEN SIE SICH VON IHREN SCHÜLERN?
Seid offener für neue Medien! Kommuniziert – und findet heraus, welche noch unbekannten Freiheiten das Internet eröffnet.

Jedermann sei untertan der Obrigkeit, die Gewalt über ihn hat. Denn es ist keine Obrigkeit ohne von Gott; wo aber Obrigkeit ist, die ist von Gott verordnet.

Neues Testament, Brief des Paulus an die Römer, Kapitel 13,1

Als Fotokulisse ein Klassenraum von einst: Sabine

WAS IST DAS SCHÖNSTE AN IHREM BERUF?
Wenn ich morgens schon in strahlende Kinderaugen schaue und weiß, es geht den Schülern gut.

WAS IST DAS BELASTENDSTE AN IHREM BERUF?
Dass ich durch das System gezwungen bin, Bildungsverlierer zu produzieren – und bei einigen Schülern negative Selbstbilder.

WAS WÜNSCHEN SIE SICH VON IHREN SCHÜLERN?
Dass sie wissen: So wie ihr seid, seid ihr okay.

Czerny fordert, die herkömmliche Notengebung zu reformieren

Die Notenrebellin

**Sabine Czerny, 37,
Grundschule, Landkreis Fürstenfeldbruck**

Mit einem Kindergesicht aus Gips habe die ganze Geschichte angefangen, sagt Sabine Czerny. Als sie es knetete, vor einigen Jahren, sei ihr klar geworden, wie schwer es ist, all die Gesichtszüge plastisch nachzuahmen – „und auch wie eigen so ein Kinderkopf ist".

Es geht ihr um Grundsätzliches: um eine Schule, die jedem Kind gerecht wird. Und genau deshalb verzweifele sie am Doppelauftrag des Lehrers. „Wir sollen Schüler unterrichten – und in gute und schlechte sortieren." Das aber widerspreche sich. Denn eine schlechte Zensur entmutige Kinder und hindere sie daran, Neues unbekümmert aufzunehmen. So produziere die Schule schon früh Verlierer.

Sabine Czerny gilt, das gestehen ihr auch Kritiker zu, als eine gute und engagierte Lehrerin. Ihre Probleme begannen, als ihre Schüler deutlich besser abschnitten als die der Vergleichsklassen. Mal lag der Notenschnitt ihrer gesamten Klasse nach Arbeiten bei 1,6 und mal bei 1,8. Was Eltern und Schüler freute, erregte schon bald einige ihrer Kollegen, die Direktorin, das Schulamt. Der Schulfrieden sei gestört.

Es ging um Fragen wie: Müssen gute Klassen – denn ihre Klasse, so sagt Sabine Czerny, sei überdurchschnittlich leistungsfähig gewesen – im Notenschnitt an schlechtere angepasst werden? Vergeben manche Lehrer zu gute Zensuren? Können sie tatsächlich den Schnitt einer Klasse durch guten Unterricht heben?

Schließlich musste Sabine Czerny die Schule wechseln. Ihr neuer Direktor, der ihren Unterricht besucht hat, beurteilt ihre Arbeit mit „sehr gut". Allerdings unterrichtet sie jetzt vorwiegend notenfreie erste Klassen, und auch in den zweiten musste sie bislang noch keine Zensuren verteilen. Sie habe zwar keine neue Unterrichtsmethode entwickelt, sagt sie, wohl aber viele Motivationstricks.

So beginnt sie jeden Tag mit einem Morgenkreis, bei dem jeder Schüler einzeln begrüßt wird, als Zeichen der Wertschätzung. Fehler in den Schulheften markiert sie nur mit Klebezetteln: „Die Schüler können dann verbessern und die Zettel wieder entfernen." Denn Kinder wollten lernen, fürchteten aber nichts mehr, als Fehler zu machen.

Und sie will Prinzipe lehren: also beispielsweise erklären, wie eine Kläranlage funktioniert – und nicht, wie all die einzelnen Becken heißen. Wenn sie Rechtschreibung lehrt, sagt sie immer: Überlegt euch, ob ein Wort groß oder klein geschrieben wird. Und was ist der unveränderliche Wortstamm? Diese Prinzipe wiederholt sie Stunde für Stunde, Woche für Woche.

Gute und schlechte Schüler, sagt Sabine Czerny, unterscheiden sich voneinander vor allem durch den Zeitraum, den sie brauchten, um etwas zu lernen. Sie gebe allen viel Zeit.

Fünf Stunden lang hat sie ohne größere Pausen erzählt. Sie ist ein wenig erschöpft, aber ihre Gesichtszüge haben sich entspannt: „Obwohl, es gäbe ja noch so viel zu sagen."

WAS IST DAS SCHÖNSTE AN IHREM BERUF?
Die Möglichkeit zur Authentizität: Dass ich so sein darf, wie ich bin.
Denn Schüler fordern wahrhaftige Begegnungen ein.

WAS IST DAS BELASTENDSTE AN IHREM BERUF?
Die Ahnung, nicht alles auszuschöpfen und richtig zu machen.

WAS WÜNSCHEN SIE SICH VON IHREN SCHÜLERN?
Dass sie mit dem, was sie lernen, verantwortungsvoll umgehen und
dabei heiter und gelassen bleiben.

Eigenes Glück hat Ernst Fritz-Schubert auch beim

Der Glücksucher

**Ernst Fritz-Schubert, 61,
Willy-Hellpach-Berufsfachschule, Heidelberg**

Rennradfahren gefunden – an der Schule lehrt er »Glück« als Fach

Ruhe!, brüllt Ernst Fritz-Schubert. Und tatsächlich hören die Fünftklässler auf, in der Turnhalle herumzutoben. Sind für ein paar Momente ganz still.

Ihr Lehrer hat einen großen Kreis markiert und in die Mitte eine Pralinenschachtel gelegt. „Stellt euch einen See vor. Niemand darf ihn betreten", sagt Fritz-Schubert, während vom Kreisrand aus schon Kinder ihre Arme ausstrecken, um nach der Schachtel zu greifen.

Acht Seile werden ausgehändigt. Lassen sich die über den See spannen? Kann man aus ihnen ein Netz flechten? Oder sollte vielleicht ein besonders leichter Schüler auf einem Seil balancieren und die Süßigkeiten erhaschen, während es alle gemeinsam festhalten?

„Es geht um Vertrauen in das eigene Geschick und in die Kraft der Gruppe", erläutert Fritz-Schubert die Übung, die zu einem Schulfach gehört, das er etabliert hat. Es heißt: „Glück".

Was will er mit einem solchen Unterricht bewegen, wo es doch an vielen deutschen Schulen eher Probleme mit der Leistung der Schüler gibt als mit deren Glücksgefühl?

Um die Leistung gehe es ja gerade. „Denn jedes dritte Kind hat Angst vor seiner Schule. Wir müssen aber nach den Stärken der Kinder graben, um so die Freude an der Leistung zu wecken." Dafür seien Gemeinschaftserlebnisse und Glücksempfindungen sehr wichtig.

Ehe er 2007 das neue Fach entwarf, las er Dutzende Managementbücher, befasste sich mit Erlebnispädagogik, disku-

tierte mit Theaterlehrern und einem Hockeytrainer. Dann entwickelte Ernst Fritz-Schubert ein Konzept für 160 Unterrichtsstunden, gedacht für Schüler der 9. und 10. Klasse.

An der Berufsfachschule, deren Rektor er ist, bot er es im Herbst 2007 erstmals an, 36 Schüler meldeten sich. Zunächst unterrichteten Ärzte, Schauspieler, Motivationstrainer und Familientherapeuten in Sachen Glück. Inzwischen wird das Fach von besonders ausgebildeten Pädagogen an Schulen in Baden-Württemberg, Hessen und Österreich erprobt.

Im Unterricht reisen die Schüler in ihrer Fantasie zu Orten, an denen sie glückliche Momente erlebt haben. Sie erspüren vergessene Klänge, Gerüche und Geräusche. Üben sich in einer speziellen Fitnessgymnastik aus Aerobic und kontaktlosem Kampfsport, um Kraft und Zuversicht zu erfahren. Oder sie gehen klettern, um Teamgeist und Selbstvertrauen zu entdecken.

Zum Abschluss schreiben sie eine Projektarbeit, etwa über Glückslehren in Indien.

„In dem Moment, in dem man uns anerkennt und wertschätzt", zitiert der Glückslehrer neurologische Studien, „werden in unserem Gehirn Botenstoffe aktiviert, die zu Wohlbefinden führen."

Nur über eines dürfe man sich nicht täuschen: Glück zu unterrichten sei vor allem ziemlich anstrengend.

WAS IST DAS SCHÖNSTE AN IHREM BERUF?
Die Erfahrung, wenn Kinder etwas Neues lernen und begeistert davon berichten. Und der Rückhalt im Kollegium.

WAS IST DAS BELASTENDSTE AN IHREM BERUF?
Die Bürokratie! Mein Arbeitsfach als Klassenlehrerin ist jeden Tag voll mit Anträgen und Formularen.

WAS WÜNSCHEN SIE SICH VON IHREN SCHÜLERN?
Dass sie die Schule genießen. Aber dazu müssten wir Lehrer mehr Freiheiten haben und die Inhalte stärker bestimmen können.

Bernice Boama stammt aus Ghana – und gab schon als Schülerin anderen Nachhilfe in Deutsch

Die Brückenbauerin

Bernice Boama, 30, Margaretha-Rothe-Gymnasium, Hamburg

Noch zehn Minuten bis zur Pause. Bernice Boama spielt mit Fünftklässlern „Schüler-memory": Immer zwei Schüler verständigen sich auf einen englischen Satz, während einer vor der Tür steht. Der kommt nun herein und versucht herauszufinden, welche Paare sich welche Sätze ausgedacht haben. Fragt, rätselt, denkt nach. Schon ruft ihm ein Mitschüler ungeduldig zu, er solle sich beeilen. Schneller! „No, take your time", sagt Bernice Boama mit klarer Stimme.

Sie war elf, als ihr Vater zum Studium aus Ghana nach Berlin zog und seine Familie mitnahm. Die Tochter lernte in der Grundschule die neue Sprache – und erteilte auf dem Gymnasium Nachhilfe in deutscher Grammatik. „Denn ich hatte die Sprache nach strikten Regeln gelernt", sagt sie. Sie entdeckte, wie gern sie anderen etwas beibringt. Dann das Studium: Englisch und Sport fürs Lehramt.

Vor ihrer ersten Schulstunde fragte sich Bernice Boama: Wie würden die Schüler auf sie reagieren? Sie beschloss, ihnen von Ghana zu erzählen. Doch die Kinder wollten nur wissen, ob man in der Klasse Kaugummi kauen dürfe. „Natürlich nicht", lautete ihre Antwort. Erst später erfuhr sie, dass die Schüler daheim begeistert von der neuen, schwarzen Lehrerin berichtet hatten.

Die Chance auf eine Beamtenstelle lockte sie nach Hamburg, ans Margaretha-Rothe-Gymnasium. Viele ausländische Eltern hier freuen sich, dass eine Lehrerin aus Afrika ihre Kinder unterrichtet. „Manche Väter und Mütter finden es toll, vor einer schwarzen Lehrerin zu sitzen. Sie wollen ganz genau wissen, woher ich komme, und sie meinen, ich könne ein Vorbild für die Kinder sein." Lebenswege werden dann verglichen.

Und wenn die ghanaische Community sie um Rat bittet, ist sie zur Stelle. So wie kürzlich, als Eltern wissen wollten, ob sie den Lehrerberuf auch der Tochter empfehlen könne. „Nur keine Angst", hat Bernice Boama gesagt.

Der Techniker

Knut Langhans, 63, Vincent-Lübeck-Gymnasium, Stade

Es war eine Lebensentscheidung, 1979, als der Experimentalphysiker Knut Langhans vom Max-Planck-Institut in den Schuldienst wechselte. Bewogen habe ihn die Frage, ob sich mit Jugendlichen Spitzenforschung betreiben lasse. Er nennt es „mein großes pädagogisches Experiment".

30 Jahre später begeistern sich viele seiner Schüler auch am Nachmittag und selbst in den Ferien für Technik und Naturwissenschaften. Neben ihm sitzen drei Zehntklässler – eine von mehreren Gruppen, die er in seiner Freizeit betreut – und bereiten eine Präsentation vor. Die handelt von „volumetrischen Pixeln" und einem „lichtkinetischen Cube": einem fernsehgroßen Würfel aus Tausenden Leuchtdioden, der im abgedunkelten Laborraum steht.

Noch ist es ein vergleichsweise einfaches Drahtgeflecht: Drei Monate lang haben die Schüler daran gelötet, selbst an Wochenenden und Feiertagen. Sie lernten komplizierte Computersprachen und programmierten ein halbes Jahr lang – etwa, um die Dioden nach einem festgelegten Muster aufleuchten zu lassen, sodass sich Lichtpunkte in Form eines Strichmännchens durch den Würfel bewegen. Vielleicht lässt sich mit dem Cube irgendwann sogar dreidimensional fernsehen.

Eine andere Gruppe forscht an künstlicher Intelligenz. Sie will herausfinden, wie sich Roboter von Hirnströmen lenken lassen. Ihre Erkenntnisse publizieren die Schüler in Fachzeitschriften. Manche wurden sogar gebeten, wissenschaftliche Artikel zu begutachten.

„Wir machen mit, weil wir alle Freiheiten haben und wahrhaft kreativ sein können", sagt einer der Langhans-Adepten. Es motiviere ungemein, den eigenen Interessen folgen zu können und die Forschungsarbeiten auf Kongressen etwa in Schanghai vorzustellen. „Im normalen Unterricht fordern wir jetzt mehr Projekte, und wir wollen früher unsere Fächer auswählen können."

Sind das alles Hochbegabte? „Keineswegs", sagt Langhans, „das würde nicht funktionieren." Seine Schüler müssten über Wochen oft einfachste Arbeiten ausführen. Hochbegabten fehlten dagegen häufig Toleranz und Ausdauer.

Die Jungen und Mädchen lernen im Labor manches, das sie an ihre Mitschüler weitergeben – etwa, wie man eine Power-Point-Präsentation erstellt. Am liebsten würde Langhans manche von ihnen sogar als Tutoren in den unteren Klassen einsetzen, aber das sei organisatorisch kaum umzusetzen.

Studieren alle Schüler, die hier im Labor stehen, denn später Physik, Mathematik oder Informatik? „Nein", entgegnet Langhans, „wir haben auch schon Pastoren hervorgebracht."

Er selbst hat durch seine Nachmittagsgruppen zu einer neuen Rolle als Lehrer gefunden, gibt sich auch im normalen Unterricht gern mal als Unwissender, der seine Schüler zum Mitdenken anregen will – und nicht als einer, der ohnehin schon alles besser weiß. □

WAS IST DAS SCHÖNSTE AN IHREM BERUF?
Die Freude am Experimentieren weiterzugeben. Und wenn selbst Mädchen auf einmal zu löten beginnen.

WAS IST DAS BELASTENDSTE AN IHREM BERUF?
Der Lärmpegel und die Bürokratie!

WAS WÜNSCHEN SIE SICH VON IHREN SCHÜLERN?
Dass sie lernen, mit Frustrationen umzugehen, und geduldig bei Sachen bleiben, die sie begonnen haben.

GEO WISSEN

Gruner + Jahr AG & Co KG, Druck- und Verlagshaus, Am Baumwall 11,20459 Hamburg. Postanschrift für Verlag und Redaktion: 20444 Hamburg.
Telefon 040/37 03–0, Telefax 040/37 03 56 48, Telex 21 95 20. Internet: www.geo.de

HERAUSGEBER
Peter-Matthias Gaede
CHEFREDAKTEUR
Michael Schaper
GESCHÄFTSFÜHRENDE REDAKTEURE
Claus Peter Simon (Text + Konzept);
Ruth Eichhorn (Fotografie);
Jutta Krüger (Art Direction)
ART DIRECTOR
Andreas Knoche
BILDREDAKTION
Venita Kaleps;
freie Mitarbeit: Friederike Brandenburg,
Lia Darjes, Christian Gogolin
VERIFIKATION
Jörg Melander;
freie Mitarbeit: Dr. Arno Nehlsen
MITARBEITER DIESER AUSGABE
Dr. Kirsten Brodde, Prof. Dr. Hans Brügelmann, Nicolas Büchse,
Nina Draxlbauer, Susanne Frömel, Gesa Gottschalk,
Dr. Christian Heinrich, Dirk Liesemer, Fenja Mens, Susanne
Paulsen, Alexandra Rigos, Dr. Marion Rollin, Johanna Romberg,
Dr. Petra Thorbrietz, Dr. Jan Wehberg
REDAKTIONSASSISTENZ: Angelika Fuchs
SCHLUSSREDAKTION: Ralf Schulte; Brigitte Gajser, Dirk Krömer
TECHNISCHER CHEF VOM DIENST: Rainer Droste
BILDADMINISTRATION UND -TECHNIK:
Roman Kulon (freie Mitarbeit), Stefan Bruhn
HONORARE: Angelika Györffy
VERANTWORTLICH FÜR DEN REDAKTIONELLEN INHALT
Michael Schaper
VERLAGSLEITUNG: Dr. Gerd Brüne, Thomas Lindner
ANZEIGENLEITUNG: Lars Niemann
VERTRIEBSLEITUNG: Ulrike Klemmer,
DPV Deutscher Pressevertrieb
MARKETING: Antje Schlünder (Ltg.), Patricia Korrell
HERSTELLER: Oliver Fehling

ANZEIGENABTEILUNG: Anzeigenverkauf: Sabine Plath,
Tel. 040/37 03 38 89, Fax 040/37 03 56 04; Anzeigendisposition:
Anja Mordhorst, Tel. 040/37 03 23 38, Fax 040/37 03 58 87.
Es gilt die Anzeigenpreisliste Nr. 5 vom 1. Januar 2009.

Der Export der Zeitschrift GEO WISSEN
und deren Vertrieb im Ausland sind nur mit Genehmigung
des Verlages statthaft.
GEO WISSEN darf nur mit Genehmigung des Verlages in Lesezirkeln
geführt werden.
Bankverbindung: Deutsche Bank AG Hamburg,
Konto 0322800, BLZ 200 700 00.

Heft-Preis: 8,50 € (mit DVD: 15,90 €) · ISBN-Nr. 978-3-570-19882-7
(978-3-570-19948-0)
© 2009 Gruner + Jahr, Hamburg
ISSN-Nr. 0933-9736

Druck: Prinovis Itzehoe GmbH
Printed in Germany

GEO-WISSEN-LESERSERVICE

FRAGEN AN DIE REDAKTION
Telefon: 040/37 03 20 84, Telefax: 040/37 03 56 48
E-Mail: briefe@geo.de

ABONNEMENT- UND EINZELHEFTBESTELLUNG

ABONNEMENT DEUTSCHLAND Heftpreis im Abonnement: 7,50 €
BESTELLUNGEN: KUNDENSERVICE ALLGEMEIN:
DPV Deutscher Pressevertrieb   (pers. erreichb.)
GEO-Kundenservice   Mo–Fr 7.30 bis 20.00 Uhr
20080 Hamburg   Sa 9.00 bis 14.00 Uhr
Telefon: 01805/861 80 00*   Telefon: 01805/861 80 01*
                                 Telefax: 01805/861 80 02*
                                 E-Mail: geo-service@guj.de
24-Std.-Online-Kundenservice: www.MeinAbo.de/service

ABONNEMENT ÖSTERREICH   **ABONNEMENT SCHWEIZ**
GEO-Kundenservice   GEO-Kundenservice
Postfach 5, A-6960 Wolfurt   Postfach, CH-6002 Luzern
Telefon: 0820/00 10 85   Telefon: 041/329 22 20
Telefax: 0820/00 10 86   Telefax: 041/329 22 04
E-Mail: geo@abo-service.at   E-Mail: geo@leserservice.ch
ABONNEMENT ÜBRIGES AUSLAND
GEO-Kundenservice, Postfach, CH-6002 Luzern
Telefon: 0041-41/329 22 20, Telefax: 0041-41/329 22 04
E-Mail: geo@leserservice.ch

**BESTELLADRESSE FÜR
GEO-BÜCHER, GEO-KALENDER, SCHUBER ETC.**

DEUTSCHLAND   **SCHWEIZ**
GEO-Versand-Service   GEO-Versand-Service 50/001
Werner-Haas-Straße 5   Postfach 1002,
74172 Neckarsulm   CH-1240 Genf 42
Telefon: 01805/06 20 00
(14 Cent/Min.)   **ÖSTERREICH**
Telefax: 01805/08 20 00   GEO-Versand-Service 50/001
(14 Cent/Min.)   Postfach 5000,
E-Mail: service@guj.com   A-1150 Wien

BESTELLUNGEN PER TELEFON UND FAX FÜR ALLE LÄNDER
Telefon: 0049-1805/06 20 00, Telefax: 0049-1805/08 20 00
E-Mail: service@guj.com

*14 Cent/Min. aus dem dt. Festnetz, Mobilfunkpreise können abweichen

ERSCHÖPFT, RESIGN

Das Lehramtsstudium ist in Deutschland nicht nur praxisfern –

VON PETRA THORBRIETZ

Es ist ein ebenso aufreibender wie anspruchsvoller Beruf: Ein Lehrer muss Kinder zum Lernen motivieren, in steter Konkurrenz zu Fernsehen und Computer; er soll ihnen mit seinem Unterricht wichtige Kenntnisse und Fähigkeiten für den weiteren Lebensweg mitgeben; und er teilt ihnen durch seine Noten Zukunftschancen zu.

Für eine solch verantwortungsvolle Tätigkeit sind die Besten gerade gut genug. Sollte man meinen.

Nicht in Deutschland. Das legt zumindest eine Studie des Psychologen Uwe Schaarschmidt nahe. Sechs Jahre lang hat der emeritierte Professor die Gesundheitsbelastung von mehr als 16 000 Pädagogen untersucht – und bei 60 Prozent ein hohes Maß an Erschöpfung, Überforderung und Resignation festgestellt.

Ein häufig genannter Grund: falsche Berufswahl. „Jeder Vierte", so Schaarschmidt, „hätte sich besser für einen anderen Beruf entscheiden sollen."

Denn die meisten Pädagogen wechseln aus der Rolle des Lernenden direkt in die des Lehrenden und haben keine anderen Lebenswelten kennengelernt. „Viele angehende Lehrer denken sich, Schule kenne ich, da kann mir nicht viel passieren", sagt Schaarschmidt. „Die Ausbildung zieht oft Leute an, die sich ein schwieriges Studium nicht zutrauen."

Das bestätigt auch eine weitere Studie. Forscher begleiteten 1100 Studenten von der Universität in den Beruf – und stellten fest, dass die meisten jener Lehrer, die später über ein Burn-out-Syndrom klagten, sich bereits im Studium überfordert fühlten.

50 Prozent gaben zudem an, sie seien nicht etwa aus pädagogischem Ideal Lehrer geworden, sondern weil das Studium „überschaubar" war oder ihr Arbeitsplatz „sicher und familienfreundlich" – oder weil er in der Nähe des Heimatortes lag.

SEIT DEM PISA-SCHOCK ist die Debatte über die Qualität der Lehrer und ihrer Ausbildung vollends entbrannt – doch hat sie in der zersplitterten deutschen Bildungslandschaft bislang zu fast nichts geführt. So heißt es etwa auf einer von Bund und Ländern betriebenen Website: „Gegenwärtig gibt es in allen Ländern Bemühungen um eine Reform der Lehrerausbildung für alle Schularten." Was so viel bedeutet wie: Jedes Bundesland denkt für sich, eine Reform für ganz Deutschland ist nicht in Sicht.

Immerhin hat Nordrhein-Westfalen in einer 2009 verabschiedeten Neuordnung der Lehrerbildung den Praxisanteil am Studium verstärkt: durch ein vierwöchiges Eignungspraktikum vor dem Studienstart. Außerdem sind bis zum Abschluss 450 weitere Stunden in einer Schule vorgeschrieben.

ZWAR HAT DIE Kultusministerkonferenz bereits 2004 und 2008 gemeinsame Standards der Lehrerausbildung verabschiedet, doch unter Berufung auf die Freiheit der Wissenschaft machen die Universitäten weiterhin, was sie wollen: Die ihnen angeschlossenen 60 Lehrerbildungszentren, die fast überall die früheren Pädagogischen Hochschulen abgelöst haben, verfolgen jeweils individuelle Konzepte. Und während in einigen Bundesländern der universitäre Master-Abschluss demnächst das Erste Staatsexamen ersetzen soll, beharrt Bayern auf der zusätzlichen staatlichen Prüfung.

„Die 16 Bundesländer definieren für ungefähr zehn Schulformen und etliche Fächer jeweils unterschiedliche Anforderungen", erklärt Ulrich Thöne, der Vorsitzende der Lehrergewerkschaft GEW. „Deshalb gibt es auch nicht *den* Lehrer in Deutschland – sondern eine Spezies mit über 100 Unterarten." Eine solche Zersplitterung dieses Berufs finde sich in ganz Europa nicht.

Praxisfern ist auch das Nebeneinander von Universitäten und Kultusbehörden: An den wissenschaftlichen Hochschulen absolvieren die angehenden Lehrer ein mindestens sechs Semester dauerndes Studium der Erziehungswissenschaften sowie zweier Fächer. Die in der Regel zweijährige Referendarzeit an den Schulen

> **Viele angehende Pädagogen fühlen sich schon im Studium zu sehr belastet**

IERT, ÜBERFORDERT

die Ausbildung zieht oft auch die Falschen an

und die anschließende Zweite Staatsprüfung aber überwachen dann die Kultusbehörden der Länder.

In einer Analyse der Organisation für wirtschaftliche Zusammenarbeit und Entwicklung (OECD) über die Qualifikation von Lehrern in Deutschland wird angemahnt, dass die beiden Teile der Ausbildung stärker miteinander verschränkt werden müssten.

Keinen großen Stellenwert im Studium haben die Erziehungswissenschaften. Je nach Bundesland nimmt das Fach zwischen fünf und 20 Prozent der Ausbildungszeit ein. In manchmal nur acht Semesterwochenstunden, über die Studienzeit verteilt, müssen die angehenden Pädagogen alles über Theorie und Geschichte der Schule lernen, aktuelle bildungspolitische Kontroversen einordnen, Lerntheorien pauken sowie Leistungsbeurteilungen vornehmen können.

Fast kein Lehramtsstudent fällt durch die Abschlussprüfung

Vor allem aber werde an deutschen Hochschulen kaum gelehrt, *wie* die Fächer den Schülern gut zu vermitteln sind. Die Fachdidaktik habe kein Renommee. Sie gelte als Lehre vom Schulunterricht – und den glaube jeder aus eigener Erfahrung zu kennen.

Es komme vor, so Manfred Prenzel, der frühere deutsche PISA-Koordinator, dass die Studenten bis zur Hälfte ihres Studiums an der Universität verbrächten, ohne eine einzige Stunde Pädagogik belegt zu haben.

ANDERE LÄNDER gehen andere Wege – und haben damit Erfolg. In Finnland etwa wird bei den Aufnahmeprüfungen zum Grundschullehrer-Studium weniger Wert auf Fachwissen als auf die Vermittlungskompetenz gelegt. Wer die Prüfung besteht, lernt vor allem das Lehren selbst – in den Hauptfächern Psychologie, Pädagogik und Didaktik. Und vom ersten Semester an stehen die Lehramtskandidaten vor einer Klasse. 126 Stunden Praxis sind in den Studienjahren vorgesehen: an normalen Schulen und an speziellen Universitätsschulen, die zu jeder Akademie gehören – auch, um dort neue Reformideen auszuprobieren.

Darüber hinaus werden die Lehrerstudenten zu Generalisten ausgebildet, die von der 1. bis zur 6. Klasse Handarbeit genauso unterrichten können wie Biologie, Kunst und Ethik. Denn sechs Jahre lang verbringen finnische Grundschüler ihre Zeit vor allem mit ihrem Klassenlehrer, erst danach übernehmen die Fachlehrer. Matti Meri, Pädagogikprofessor an der Universität Helsinki, betont: „Wir brauchen keine Lehrer, die wunderbar Flöte spielen. Wir brauchen Menschen, die sich fragen: Wie erreiche ich, dass Kinder gern Flöte spielen?"

Eines kann Deutschland allerdings kaum von Finnland übernehmen: dass bei der Aufnahmeprüfung so streng ausgewählt wird – 2008 kämpften dort 6500 Bewerber um 800 Plätze.

Ein solches Zulassungsverfahren würde hierzulande zu einem drastischen Lehrermangel führen, denn bis 2015 gehen Hunderttausende Pädagogen in Ruhestand. Dass in Deutschland bisher kaum jemand bei der Lehramtsprüfung durchfällt, ist also auch politisch gewollt oder zumindest toleriert.

Doch der Ruf nach Qualitätskontrollen wird lauter. Der Deutsche Philologenverband etwa fordert, die Befähigung bereits vor Beginn des Studiums zu prüfen. Auch Manfred Prenzel hält Auswahlgespräche oder Eignungstests für sinnvoll, die zunächst grundlegend die berufliche Eignung klären. Experten des wirtschaftsnahen Münchner Ifo-Instituts fordern dagegen eine gute Abiturnote als Voraussetzung für ein Lehramtsstudium, manche Politiker sogar einen Numerus clausus.

Derzeit können angehende Lehrer immerhin einen „Selbsterkundungs-Check" im Internet absolvieren, der im Zuge der Potsdamer Lehrerstudie von Uwe Schaarschmidt entstanden ist. Den Aspiranten werden 63 Fragen gestellt, die mittels einer fünfstufigen Skala beantwortet werden – Fragen wie „Ich kann Kränkungen gut wegstecken" oder „Der Umgang mit Jüngeren macht mir Spaß". Mit dem Ergebnis werden die Teilnehmer allerdings allein gelassen: Sie müssen ihre Werte mit einer Art Idealnorm vergleichen und dann die richtigen Schlüsse für sich daraus ziehen.

Ein Konzept zur Qualitätskontrolle der Lehrerausbildung aber, das alle überzeugt, ist derzeit weit und breit nicht in Sicht.

DA GROSSE LÖSUNGEN auf sich warten lassen, hoffen viele Schulpraktiker darauf, dass sich Initiativen vor Ort als wegweisend herausstellen. Erfolg versprechende Ansätze gibt es bereits:

• Die Technische Universität München hat im Herbst 2009 die erste deutsche Lehrerausbildungsstätte mit Fakultätsrang eröffnet, die TUM School of Education. Dort werden Pädagogen in den Fächern Mathematik, Informatik, Naturwissenschaften und Technik ausgebildet. Die Studierenden müssen ein Auswahlgespräch bestanden haben, sie belegen Seminare, in denen Fragen der Motivationspsychologie eine wichtige Rolle spielen, und absolvieren Praktika an kooperierenden Schulen. Die Lehrer, die sie dort betreuen, werden an der Universität weitergebildet, die Wissenschaftler besuchen im Gegenzug die Schulen. Den Praxisbezug will die TUM School außerdem durch mehr als 40 Referenzschulen gewährleisten, in denen Lehramtsstudenten Praktika absolvieren.

• Die rheinland-pfälzische Universität Landau versucht mit einem „Beibringbasar" bereits frühzeitig Realitätsnähe herzustellen: Am Ende des ersten Semesters ringen Gruppen von Studenten an eigens gestalteten Ständen um die Aufmerksamkeit ihrer Kommilitonen; die Aufgabe lautet, anderen in kurzer Zeit etwas beizubringen – Melken, Feuerschlucken, Reifenwechseln, alles ist möglich. Die sollen begreifen, was Didaktik in der Praxis bedeutet. Denn „neben allem Fachwissen brauchen Lehrer Leidenschaft für ihren Beruf und eine natürliche Präsenz – ähnlich wie ein Schauspieler", so der Erziehungswissenschaftler Jürgen Wiechmann.

• An der Mathematik-Fakultät der Universität Dortmund ist das Projekt „Kinder rechnen anders" entstanden. Die Idee: Der Unterricht hat sich daran zu orientieren, wie Kinder denken. Dieses „forschende Lernen", bei dem die Schüler selbst Lösungswege entdecken, statt sie einfach vorgesetzt zu bekommen, soll den angehenden Lehrern nahegebracht werden. Im zweiten oder dritten Semester besuchen Mathematikstudenten deshalb eine Grundschule und filmen dort mit der Kamera, wie Kinder mathematische Aufgaben zu lösen versuchen. Im Seminar analysieren sie an-schließend, wie die Schüler im Umgang mit Zahlen denken – und entwickeln daraus fachdidaktische Konzepte.

DOCH BIS HEUTE ist selbst Experten weitgehend unklar, was den Erfolg guten Unterrichts ausmacht. „Es gibt so gut wie keine vernünftige empirische Forschung dazu", so Jürgen Baumert, Direktor am Max-Planck-Institut für Bildungsforschung.

Die Berliner Wissenschaftler versuchen mit einer Studie zu beantworten, was Lehrkompetenz bedeutet. Dazu haben sie Schüler und Mathematiklehrer am Ende der 9. und 10. Klasse befragt, ließen die Lehrer einen Wissenstest beantworten und schauten sich Unterrichtsmaterial sowie Klassenarbeiten an.

Erste Ergebnisse zeigen, dass es tatsächlich vor allem die didaktischen Fähigkeiten sind, die erfolgreiches Lehren

Weshalb gibt es für Lehrer keine Anreize, ihren Unterricht zu verbessern?

ausmachen, erst dann folgen das Fachwissen und eine effektive Organisation des Unterrichts.

Allerdings bestätigt die Studie frühere Befunde, wonach es in Deutschland nur selten einen „kognitiv aktivierenden und selbstständigkeitsfördernden" Unterricht gebe. Das gelte besonders für die Gymnasien, obwohl das Fachwissen der Lehrer dort groß ist.

Vor allem müssen die Bildungsforscher herausfinden, ob die derzeitigen Unterrichtsformen überhaupt noch der gesellschaftlichen Realität entsprechen. Unter den Viertklässlern stammt bereits heute jedes vierte Kind aus einer Einwandererfamilie – schon bald wird es jedes dritte sein. Für diese Schüler gibt es aber bislang kaum Vermittlungskonzepte.

Unbeantwortet ist auch die Frage, wie die Schule darauf reagieren soll, dass immer mehr Kinder sehr unterschiedliche sprachliche, familiäre und soziale Hintergründe haben. Welche neuen Konzepte – etwa jahrgangsübergreifende Teamarbeit, Tutorsysteme, selbstständiges Lernen statt Frontalunterricht – ließen sich breit verwirklichen?

Um angemessen auf gesellschaftliche Entwicklungen reagieren zu können, so die Autoren der OECD-Studie über Deutschland, habe sich das Rollenbild des Lehrers grundlegend zu ändern. An die Stelle der starren Beamtenlaufbahn müsse eine flexible Karriere- und Anreizstruktur treten. So gibt es beispielsweise keinerlei materielle Belohnung für Pädagogen, die ihren Unterricht verbessern.

EINE WICHTIGERE ROLLE als bislang wird auch die Ausbildung der Rektoren spielen müssen. „Es gibt keine gute Schule ohne einen guten Leiter", sagt Hans-

Günter Rolff, der Gründer des Instituts für Schulentwicklungsforschung an der Technischen Universität Dortmund. In den Rektoraten liegt laut der OECD-Analyse aber einiges im Argen: „Schulmanagement und -leitung sind vielleicht der Bereich, der am eindrucksvollsten veranschaulicht, wie sehr das deutsche Bildungssystem Veränderungen bislang widerstanden hat."

Derzeit wird bei der Berufung zum Rektor oft an jene Lehrer gedacht, die guten Unterricht machen und sich dann bereit erklären, zusätzlich Leitungsfunktionen zu übernehmen. Die Weiterqualifikation beginnt meist erst nach der Ernennung zum Schulleiter. Von einer Bestenauswahl kann unter anderem auch deshalb keine Rede sein, weil es oft nur einen Bewerber für eine freie Stelle gibt.

Freilich: Daran wird sich erst einmal nicht viel ändern. Denn je nach Bundesland werden in den kommenden fünf Jahren bis zu 50 Prozent der Rektoren in den Ruhestand gehen – und schon jetzt sind Hunderte Stellen unbesetzt.

Dabei ist Schulleitung immer mehr zu einem eigenständigen Beruf geworden. Ein Rektor muss Aufgaben bewältigen, die denen des „Geschäftsführers eines mittelständischen Unternehmens" gleichen, so der Schulentwicklungsforscher Hans-Günter Rolff.

Diese Managerfunktion werde umso bedeutender, je autonomer die Schulleitungen künftig arbeiten sollen. „Dazu gehört persönliche Könnerschaft", heißt es in einer Studie der Unternehmensberatung McKinsey, an der Pädagogik-Experten beteiligt waren, „wie auch die Fähigkeit, Richtung vorzugeben, die Leistungsfähigkeit der ganzen Schule zu heben, Gemeinschaft zu bilden sowie das individuelle Engagement der Mitarbeiterinnen und Mitarbeiter zu mobilisieren."

Das klingt nach einem Bericht aus der Zukunft. Der Zeit ein wenig voraus ist da schon die TUM School of Education.

Die neu gegründete Münchner Fakultät ist gerade dabei, ein eigenständiges Aufbaustudium zu etablieren: für schulische Führungskräfte und solche, die es werden wollen. □

Die Münchner Autorin **Dr. Petra Thorbrietz**, 55, hat vielfach zu Schulthemen geschrieben und arbeitet regelmäßig für GEO WISSEN.

MEHR ZUM THEMA:

Rudolf Messner (Hg.): **Schule forscht. Ansätze und Methoden zum forschenden Lernen,** Edition Körber-Stiftung 2009, 220 Seiten

U. Raulff/ J. Rubner (Hg.): **Welche Schule wollen wir? Wege aus der Bildungsmisere,** Suhrkamp 2009, 180 Seiten

Karl-Heinz Arnold u. a. (Hg.): **Allgemeine Didaktik und Lehr-Lernforschung: Kontroversen und Entwicklungsperspektiven einer Wissenschaft vom Unterricht,** Klinkhardt 2009, 212 Seiten

BAUSTOFF FANTASIE

Viele Schulen sind reine Zweckbauten – langweilig, öde, trostlos. Doch es geht auch anders: In den vergangenen Jahren haben Architekten mancherorts spektakuläre Stätten der Begegnung geschaffen

ERIKA-MANN-GRUNDSCHULE | BERLIN

Wer durch den Spiegelgang geht, sieht sich im Fokus und realisiert zugleich: Ich bin Teil einer größeren Gemeinschaft. Die Ganztagsschule im Stadtteil Wedding, einem sozialen Brennpunkt, will den Kindern ein Zuhause sein. Aus ihren Wunschvorstellungen entwickelten die »Baupiloten«, ein Architekturbüro an der TU Berlin, die Gestaltung der Räume

MARIE-CURIE-GYMNASIUM |
DALLGOW-DÖBERITZ, BRANDENBURG

Gelb und grün getönte Glasflächen lassen selbst an grauen Tagen das Innere des Gebäudes freundlich leuchten. Lieblingsplatz der Schüler aber ist die Dachterrasse im 1. Stock. Die strenge Formensprache des 2005 vor den Toren Berlins eröffneten Gymnasiums spiegelt den mathematisch-naturwissenschaftlichen Schwerpunkt der Schule wider

SCHULHAUS STEINMÜRLI | DIETIKON, SCHWEIZ

Ein Quader aus Betonfertigteilen, aufgelockert durch runde Lichtdurchlässe und effektvoll hintergrundbeleuchtet – so entsteht eine Fassadengestaltung mit besonderer Lichtstimmung. Die Turnhalle der Primarschule in Dietikon gehört zu der 2006 fertiggestellten Erweiterung eines mehr als 50 Jahre alten Schulgebäudes

A. P. MØLLER-SCHULE | SCHLESWIG

Die 2008 eröffnete Gesamtschule folgt der pädagogischen Idee, einen Teil des Unterrichts aus den Klassenzimmern herauszuholen: So verbindet eine zentrale Aula mit Bibliothek zwei Gebäudetrakte, in denen die Funktionsräume liegen. Die offene Struktur soll individuelles Lernen und Teamarbeit ermöglichen

SPREEWALD-GRUNDSCHULE | BERLIN

Fremdartigkeit gehört für den Architekten Hinrich Baller zum Konzept: Seine Bauten unter dem Motto »Biotope City« sind in scheinbar natürliche Landschaften eingebettet – auch wenn sie sich mitten in der Metropole Berlin befinden, wie die Sporthalle dieser Ganztagsgrundschule. Auf dem Dach ist eine Kindertagesstätte untergebracht

MATTHIAS-CLAUDIUS-GRUNDSCHULE | BERLIN

2009 hat die Ganztagsschule im Stadtteil Neukölln ihr 75-jähriges
Bestehen gefeiert, entsprechend alt sind einige der Gebäude.
Neu hinzugekommen ist vor vier Jahren die lichte, fast schwebend
wirkende Mensa mit eigener Küche. Der Weg von den Klassenräumen dorthin führt die Schüler durch einen kleinen Wald

SCHULE IM PARK |
OSTFILDERN, BADEN-WÜRTTEMBERG

Die grobe Verfugung der Ziegel ist für die Sporthalle dieser Grund- und Hauptschule ebenso charakteristisch wie das turmartige Treppenhaus, das zu einem Fußballfeld auf dem Dach führt. Im eigentlichen Schulgebäude verbindet ein Flur mit viel Oberlicht die Klassenräume zu beiden Seiten; in der Mensa können die Schüler auf Klassikern des Stuhldesigns Platz nehmen ☐

»Mir ist deine SCHEISS

Die Rücksichtslosigkeit auf dem Schulhof und im Internet nimmt zu,
viele Kinder werden dauerhaft drangsaliert. Mit Anti-Mobbing-Programmen
können Täter frühzeitig gestoppt werden

VON KIRSTEN BRODDE (TEXT) UND DANIEL MATZENBACHER (ILLUSTRATION)

Elternabend der 7. Klasse eines Hamburger Gymnasiums: Nüchtern schildert eine Mutter, dass ihrem Sohn seit Wochen Tag für Tag die Trinkflasche heimlich angepiekst werde. Stopfe er die Flasche dann in den Ranzen, seien Hefte und Bücher durchnässt.

„Offenbar wissen einige Kinder ganz genau, was meinen Sohn besonders trifft", sagt die Mutter und fordert die Klassenlehrerin auf einzugreifen.

Doch die sagt nur, sie habe alles im Griff. Betretenes Schweigen. Dabei ist bekannt, dass der Junge, der zwei Klassen übersprungen hat, schon länger Opfer von Schikanen ist.

Ein 16-Jähriger an einer anderen Hamburger Schule zeigt seinen Freunden eine SMS, die er anscheinend von einer Mitschülerin bekommen hat. „Ich spüre dich noch jetzt zwischen meinen Schenkeln", lautet die Botschaft. Der Junge verkündet lauthals, mit dieser grauen Maus habe er nie Sex gehabt und wolle es auch gar nicht.

Hier greift die Lehrerin sofort ein: Durch hartnäckiges Fragen findet sie heraus, dass eine Mädchen-Clique der angeblichen Absenderin das Mobiltelefon entwendet und die SMS verschickt hat. Doch die Geschichte spricht sich in Chatrooms herum wie ein Lauffeuer. Es sei, sagt das bloßgestellte Mädchen, als ob die ganze Welt mitlesen würde.

Übergriffe in der realen wie der virtuellen Welt – neuerdings kommen beide Varianten oft gekoppelt vor. So berichteten in einer Studie 70 Prozent der Kinder, die in der Schule gemobbt wurden, auch über Quälereien via Telefon und Internet.

„Im virtuellen Raum vervielfältigt sich der Mobbing-Effekt", erklärt die Münchner Psychologin Mechthild

Nur jedes zweite Kind erzählt von Übergriffen

Schäfer, die eine Forschungsgruppe zu dem Thema leitet. Die Täter könnten ihr Verhalten und das Leid ihrer Opfer länger genießen, wenn sie ihre Untaten ins Internet stellten. Bilder seien besonders grausam, weil viele Opfer sich dadurch doppelt gedemütigt fühlten.

An Grundschulen, so eine weitere Erkenntnis der Wissenschaftler, werden weitaus mehr Kinder schikaniert als an weiterführenden Schulen; an manchen ist schon jeder dritte Heranwachsende betroffen. Offenbar probieren gerade jüngere Kinder gern aus, welcher Mitschüler sich besonders leicht reizen lässt.

Doch zumeist lösen sich die Konflikte schon nach kurzer Zeit – zum einen, weil sich die Kinder selbst den Angriffen entziehen können, zum anderen, weil ihnen Lehrer und Schulpsychologen helfen. Einmal Opfer, immer Opfer –

diese angebliche Regel stimmt zumindest bei den Jüngeren nicht.

Anders bei den Tätern: Welche Kinder andere fertigmachen, zeichnet sich bereits in der Grundschule ab, und viele setzen ihr Treiben in den weiterführenden Schulen fort. Damit Täter ihr Verhalten im Lauf der Jahre nicht perfektionieren, sollten Grundschullehrer, so empfehlen Experten, sofort einschreiten, Grenzen klar aufzeigen, signalisieren, dass sie auf gemobbte Kinder besonders achten.

Mechthild Schäfer hält die Täter für „Machiavellisten", die nach Macht und Überlegenheit streben. Ihre Forschung bestätigt, dass diese Kinder keine tumben Schläger sind, sondern ihre Aktionen kühl kalkulieren. Mehr noch: Sie erkennen, wer als Opfer taugt und Erwachsenen die Attacken verschweigt. Nur jedes zweite Kind berichtet Eltern überhaupt von Übergriffen.

Trotz ihrer genauen Beobachtungsgabe wissen Mobber aber meist nicht, was sie anrichten. „Mir ist deine Scheißseele egal", müssen sich Opfer schon mal anhören, wenn sie ihre Peiniger ansprechen. Die Langzeitfolgen können dramatisch sein: Wer über Jahre gemobbt wird, neigt zu Depressionen und denkt vermehrt an Suizid.

Dem etwas entgegensetzen wollen Programme wie „Faustlos" oder „Buddy". Als besonders hilfreich haben sich Ansätze erwiesen, die neben Opfer und Täter auch das Umfeld in den Blick

SEELE egal«

(SMS)
Short Message Schmach

Gemobbt zu werden kann Depressionen und
Suizidgedanken auslösen

dass man sie im Blick hat – so eine Studie von 2008, die mehr als zehn Schlüsselelemente eines erfolgreichen Anti-Mobbing-Programms aufzählt.

Dazu gehörten auch Pausenaufsichten, denn Schulhöfe seien „Hot spots", dort müssten Lehrer auch entlegene Ecken inspizieren. Und Mittagszeiten seien „Hot times", zu denen Lehrer besonders aufmerksam sein sollten.

Positiv seien zudem klare Verhaltensregeln, die schriftlich fixiert sind und deren Verletzung Sanktionen nach sich zieht. Außerdem müsse sich die Schulleitung konsequent gegen Mobbing engagieren und ein Programm strikt durchhalten. Dazu zählten auch Informationen und Training für die Eltern.

An den Schulen mit solchem Programm gingen die bekannt gewordenen Mobbingfälle um etwa ein Fünftel zurück. Schon das sei ein Erfolg, so Mechthild Schäfer: „Weil die Kinder, ihre Mitschüler und auch die aktiven Lehrer zeigen, dass Veränderung möglich ist."

Doch selbst wenn man rechtzeitig einschreitet, gibt es keine Erfolgsgarantie. Das im Internet bloßgestellte Hamburger Mädchen wechselte die Schule, obwohl die Lehrerin den Fall schnell aufklären konnte. Bis heute leidet es unter einer Depression und ist in therapeutischer Behandlung.

Dem Jungen mit der angepieksten Trinkflasche half vor allem seine hartnäckige Mutter. Sie brachte die Klassenlehrerin doch noch dazu, gegen die Mitschüler einzuschreiten. □

nehmen. Diese Erkenntnis hat in Schweden einen Ansatz hervorgebracht („No Blame Approach"), der ohne Schuldzuweisungen auskommen soll.

Dabei werden die Täter nicht an den Pranger gestellt oder mit Sanktionen bedroht. Stattdessen organisiert der Lehrer eine Gruppe von Tätern und Mitläufern und fordert sie energisch auf, ihm zu helfen, den gepeinigten Mitschüler fortan anständig zu behandeln.

Meist kommen sofort Vorschläge: Man könne sich in der Pause zu ihm stellen, oder seine Freunde könnten ihn auf dem Nachhauseweg begleiten. Bevor man sich trennt, macht der Lehrer jeden Einzelnen dafür verantwortlich, dass es dem Schüler bald wieder besser geht. Eine Woche später trifft man sich wieder und bespricht, ob schon Erfolge zu verzeichnen sind.

Ein solches Vorgehen kann dann Erfolg haben, wenn die Pädagogen deutlich machen, dass sie die Situation unter Kontrolle haben. Denn Schüler verhalten sich friedlicher, wenn sie merken,

Beatrice und Ulf Baumann haben ihre Tochter Clemencia an einer Montessori-Schule angemeldet – die ist auf dem Gelände der Hamburger Sternwarte untergebracht

ORIENTIERUNG

GUTE SCHULE GESUCHT

Ist die Atmosphäre angenehm? Lernen die Kinder genug? Sind die Lehrer engagiert? Die Auswahl einer passenden Bildungseinrichtung ist alles andere als trivial. Fünf Mütter erzählen von ihren Erfahrungen

Was macht eine gute Schule aus?

Der Erziehungswissenschaftler Hans Brügelmann über die Frage, die alle Eltern bewegt.

1.

Kinder gehen gern in diese Schule

Das beste Indiz für einen guten Unterricht sind Sätze wie: „Schade, warum fällt Deutsch denn heute aus?" Dann ist die Wahrscheinlichkeit groß, dass die Lehrer Lust aufs Lernen geweckt haben – und auch auf die Bereitschaft, sich anzustrengen. Zudem ist es von Vorteil, wenn ein Kind gemeinsam mit seinen Freunden auf eine Schule gehen kann.

2.

Die Lehrer fördern und fordern Leistung

Die Pädagogen stellen den Kindern – bezogen auf ihr jeweiliges Können – anspruchsvolle Aufgaben. Die Anforderungen sind für Schüler und Eltern transparent und nachvollziehbar. Die Schule rühmt sich nicht nur ihrer Preisträger und Stars, sie hat dank guter Fördermöglichkeiten auch eine geringe Quote an Sitzenbleibern und nur wenige Abgänge in niedrigere Schulformen. Besondere Begabungen werden unterstützt, etwa im Chor oder in einer Mathe-AG.

3.

Bei Problemen erhalten Schüler Hilfe

Der Unterricht nimmt Rücksicht auf unterschiedliche Voraussetzun-

Clemencia, 6, wusste sofort, an welcher Schule sie lernen wollte. Nach anfänglichen Zweifeln war auch Beatrice Baumann überzeugt

Der Unterricht findet in Pavillons statt – erst 2007 hat eine Elterninitiative die Montessori-Schule gegründet

Es war mehr als ein Jahr vor Clemencias Einschulung, da begleitete sie unsere Nachbarn und deren Sohn zum Tag der offenen Tür an der Montessori-Schule. Als sie nach Hause kam, sagte sie: „Das ist meine Schule."

Sie hatte dort den ganzen Tag über gebastelt, ohne Vorgaben und mit einer Fülle an Materialien. Diese Eigenständigkeit hatte ihr gut gefallen. Sicher machen das andere Schulen genauso, dachten wir, und erklärten Clemencia, was gegen ihre Wahl spräche: Sie würde aufgrund der Entfernung nie allein dorthin kommen können, und auch die Spielkameraden würden auf näher gelegene Schulen gehen. Denn in Reinbek, unserem Wohnort an der Grenze zu Hamburg, gibt es drei Grundschulen.

Als Clemencia dann, wie jedes Kind, automatisch einer Schule in der Nähe zugeteilt wurde, standen wir vor einer schwierigen Entscheidung. Die Schule erschien uns von Anfang an unpassend. Der Schwerpunkt dort liegt auf der Ganztages-Betreuung. Aber da ich nicht berufstätig bin, würde Clemencia bereits am Mittag heimkommen können – während viele Mitschüler den ganzen Nachmittag in der Schule blieben.

Die zweite Reinbeker Schule konnte aus Platzgründen nur die ihr zugeteilten Kinder aufnehmen. Die dritte kam aus meiner eigenen schlechten Erfahrung dort ebenfalls nicht in Frage.

Zum nächsten Tag der offenen Tür an der Montessori-Schule sind mein Mann und ich dann gemeinsam mit unserer Tochter gegangen. Und tatsächlich war dort alles anders als an den Grundschulen, die wir kennengelernt hatten.

Mit zwei Lehrkräften für eine Klasse von 24 Kindern ist die Betreuung intensiv, und es gibt sogar einen kleinen Park mit Gemüsegarten. Das Schulgeld von 200 Euro im Monat erschien mir für eine Privatschule eher moderat.

Was uns aber letztlich überzeugte, war die Art und Weise, wie dort auf die Kinder und ihre Wünsche eingegangen wird. Natürlich hatten wir auch Bedenken. Die ersten anderthalb Stunden jeden Tag sind für Freiarbeit reserviert. In dieser Zeit kann jeder Schüler mit dem Lehrmaterial machen, was immer er will. Das kann gar nicht funktionieren, dachte ich zunächst. Aber die Kinder arbeiten tatsächlich ganz konzentriert.

Wir wussten, wir brauchten nicht mehr weiter zu suchen. Die Frage war nur: Würde Clemencia dort überhaupt angenommen? Auf 24 Plätze kamen fast 80 Bewerber. Und im Bewerbungsgespräch ging es nicht nur um unsere Tochter, sondern auch um uns. Denn die Schule lebt zu einem Großteil vom Engagement der Eltern.

Nach dem Gespräch begann eine unerträgliche Zeit des Wartens. Schließlich kam die Zusage, sie löste ein regelrechtes Freudenfest aus. Bis heute haben wir die Wahl nicht bereut.

Für Astrid Borowski war
es am wichtigsten, dass ihr
Sohn Nicolas, 10, genügend
Zeit für seine Weiterent-
wicklung bekommt

Moderne Ausstattung, viel Licht – die Cafeteria
der Max-Brauer-Gesamtschule Hamburg-Altona

Den Vorstellungsabend einer Schule habe ich erstmals im Dezember besucht. Das erschien mir früh, aber tatsächlich hatte ich schon einige Präsentationen verpasst. Zum Glück nicht die entscheidenden.

Die Max-Brauer-Gesamtschule in Hamburg-Altona gefiel mir und meinem Sohn sofort. Ich war von der Haltung, Offenheit und Aufgeschlossenheit der Lehrer beeindruckt und fand das Konzept der Schule spannend. Dort wird das fächerübergreifende und selbstorganisierte Lernen nach eigenen Interessen gefördert. Das wäre für Nicolas ideal, denn auch privat ist er besonders engagiert, wenn er ein Projekt verfolgen kann, etwa Lieder komponiert oder Filme macht.

Wir wollten uns aber noch andere Schulen ansehen, vor allem solche, die viel Wert auf Kreativität und Musik legen. Ich las Schulkonzepte, studierte Internetseiten, redete mit Eltern, die schon ein Kind auf der jeweiligen Schule hatten. Doch keine davon gefiel uns beiden.

Bei einem katholischen Gymnasium an der Alster hieß es auf der Internetseite, sie hätten nachmittags Hausaufgabenbetreuung. Als ich einen der Lehrer darauf ansprach, sah er mich nur mitleidig an und meinte: „Da schicken ja nur die alleinerziehenden Mütter ihre Kinder hin." Ich kam mir vor wie in einem anderen Jahrhundert.

Die Noten von Nicolas lagen in der Grundschule meist zwischen 2 und 3, das ist die untere Grenze fürs Gymnasium. Mir wurde klar, dass eine Gesamtschule für ihn das Beste wäre. Dort hätte er 13 statt zwölf Jahre bis zum Abitur und damit mehr Zeit, sich zu entwickeln. Aufgrund einer von den Ärzten lange nicht erkannten Allergie konnte er einige Jahre lang extrem schlecht hören und musste schulisch einiges nachholen.

Für die Max-Brauer-Schule gibt es allerdings in der Regel fast doppelt so viele Bewerber wie Plätze. Nachdem ich Nicolas dennoch dort angemeldet hatte, konnte ich nachts oft kaum schlafen. Es kam mir manchmal so vor, als hätte ich mit seiner Zukunft Lotterie gespielt.

An seinem 10. Geburtstag kam dann endlich die Zusage.

Inzwischen ist Nicolas mit fünf seiner besten Freunde in eine Klasse gekommen und darüber sehr glücklich. Einiges ist noch ungewohnt, etwa das blaue Buch, in dem die Schüler einen Wochenplan erstellen. Aber vieles an der Schule fördert bei Nicolas die Neugierde und den Spaß am Lernen.

Susanne Baller hat sich viele
Gymnasien angeschaut – am Ende
gab das Interesse ihres Sohnes
John, 10, an Latein den Ausschlag

Schon bevor wir uns auf die Suche nach einer weiterführenden Schule für John machten, habe ich mir ein Jahr lang Geschichten von Freunden mit älteren Kindern anhören müssen. Die waren sehr gestresst von dieser Zeit und konnten über nichts anderes mehr reden. Ich glaubte, davon profitieren zu können, indem ich mir nur die beiden Schulen ansehen wollte, für die sich die meisten von ihnen entschieden hatten.

Die eine war die Max-Brauer-Schule, eine reformpädagogische Ganztags-Gesamtschule mit Unterricht in Werkstätten und anderen neuen Lernfomen, die andere das Gymnasium Klosterschule, wo ebenfalls bis nachmittags unterrichtet wird. An beiden werden die Hausaufgaben in der Schule gemacht, was ein großer Vorteil ist, wenn man wie ich Vollzeit berufstätig ist.

Meinem Sohn hat die Gesamtschule gar nicht gefallen. Er hatte sich plötzlich in den Kopf gesetzt, unbedingt Latein lernen zu wollen, und Lateinunterricht wird dort nicht angeboten. John ist ziemlich ehrgeizig, deshalb haben mir auch seine Grundschullehrer von der Max-Brauer-

Das Johanneum, ein 1529 gegründetes humanistisches Gymnasium in Hamburg-Winterhude, ist die älteste höhere Schule der Hansestadt

Schule abgeraten; sie befürchteten, er würde dort vielleicht nicht genügend gefordert.

Als dann an der Klosterschule Tag der offenen Tür war, kam auch dort die große Ernüchterung. Die Schule ist kulturell sehr engagiert, doch weder die Kunstausstellung noch die Darbietungen in der Aula konnten John überzeugen, im Chor haben zum Beispiel ausschließlich Mädchen gesungen. Ich sagte, wir könnten die Schule doch zumindest als Notlösung in Erwägung ziehen, immerhin könnte er hier Latein wählen. Daraufhin er: „Wieso soll ich eine Notlösung nehmen?"

Damit war klar, dass unsere Schul-Besichtungsrunde noch nicht zu Ende war. Aber auch bei den nächsten Gymnasien hatte John das Gefühl: „Das ist es noch nicht."

Nach einiger Zeit fiel mir ein, dass ehemalige Kommilitonen von mir früher auf dem Johanneum waren, einem humanistischen Gymnasium. John hatte dort schon Basketball gespielt, aber wir dachten, die Schule läge zu weit entfernt. Wir sind dann trotzdem zum Info-Abend gefahren und haben mit der U-Bahn nur zehn Minuten gebraucht. Als wir das Gebäude betraten, hat John sofort gesagt: „Hier gehe ich hin." Es war keine sehr rationale Entscheidung, aber es war überzeugend.

In der ersten Februarwoche mussten alle Eltern in Hamburg den Erst-, Zweit- und Drittwunsch für eine weiterführende Schule abgeben. Danach konnten wir nur noch warten. Bei uns kam der Bescheid im Mai: Es war das Johanneum.

Dass wir die richtige Entscheidung getroffen haben, hat sich inzwischen bestätigt. John fühlt sich sehr wohl, der Unterricht begeistert ihn. Und der Chor ist gemischt, weil er in der Unterstufe für Jungen und Mädchen Pflicht ist.

gen. Leistungsschwächere Schüler werden nicht bloßgestellt. Rückmeldungen gehen über die reine Notenvergabe und nackte Ziffernzeugnisse hinaus: Unter Klassenarbeiten stehen hilfreiche Kommentare, jedes Halbjahr gibt es Informationen zur Lernentwicklung. An Sprechtagen, auf Wunsch auch häufiger, setzen sich die Lehrer mit Eltern und Schülern zusammen.

4.
Lehrer begegnen den Schülern auf Augenhöhe

Die Schule beteiligt die Heranwachsenden über Klassenräte, Schülerparlament und Streitschlichterprogramm an wichtigen Entscheidungen. Auch im Unterricht gibt es Raum für Selbstbestimmung: Innerhalb von Rahmenthemen entscheiden Schüler weitgehend selbst, *woran* und *wie* sie arbeiten, sie tragen zum Beispiel beim Thema „Herbstgefühle" selbst gewählte Gedichte vor oder schreiben eine Geschichte. Dabei kommen die Anweisungen nicht von oben,

Passt Johannes mit seinen
Dreadlocks in das feine Internat
Louisenlund an der Schlei?
Seine Eltern Ina Bagdenand
und Olaf Schnelle zweifel-
ten daran zunächst

Ina Bagdenand fand für Johannes, 18, keine Schule in der Nähe. Dann sah sie die Anzeige eines Internatsgymnasiums

Die Probleme begannen, als wir aufs Land zogen, nach Grammendorf, eine 120-Einwohner-Gemeinde in Mecklenburg-Vorpommern. Johannes war damals sechs Jahre alt, und die Grundschule, die wir ausgewählt hatten, war 15 Kilometer entfernt, aber kein Bus fuhr dorthin. Wir mussten Johannes jeden Tag mit dem Auto bringen. Dazu Frontalunterricht pur, distanzierte Lehrerinnen, Nachfragen der Schüler waren meist unerwünscht.

Schließlich meldete ich Johannes bei einer 25 Kilometer entfernten evangelischen Grundschule an. Dort wurde reformpädagogisch unterrichtet, was auch unser Wunsch war. Johannes fühlte sich wohl – bis zur 6. Klasse.

Doch das dann zuständige staatliche Gymnasium war eine Katastrophe: eine konservative Schule mit konservativen Lehrmethoden. Weil Johannes wusste, dass es auch anders geht, war er schnell frustriert, unterfordert und gelangweilt.

In Rostock gibt es zwar eine freie Schule und in Greifswald eine Montessori-Schule, aber die Entfernung ist selbst mit dem Auto zu groß. Und ein Internat konnten wir uns nicht leisten.

Wir versuchten das Beste aus dem zu machen, was wir hatten. In der 10. Klasse wurde Johannes Schülersprecher, und er machte Praktika im Landtag und im Bundestag.

Im Februar dieses Jahres habe ich dann eine Anzeige des Internatsgymnasiums Louisenlund an der Schlei entdeckt, das Vollstipendien für die letzten Schuljahre vergibt. Dort schien man großen Wert auf Gemeinschaft und individuelle Förderung zu legen.

Unser Sohn bewarb sich – und wurde eingeladen, sich einen Tag lang vorzustellen. Er hielt Kurzreferate, nahm an Diskussionen mit anderen Bewerbern teil und sprach mit dem Rektor über sein Hobby Bionik.

Wir fragten uns, ob er mit seinen Dreadlocks wohl dorthin passen würde. Doch schon einen Tag später erhielt er eine Zusage für ein Vollstipendium. Johannes war begeistert – eines der freiwilligen Fächer auf dem Stundenplan war Bionik. Wir haben bis heute den Eindruck, dass es richtige Schule für ihn ist.

sondern die Lernschritte werden gemeinsam überlegt und in Vereinbarungen festgehalten.

5.
Für den Umgang miteinander gibt es klare Regeln

Der Unterricht beginnt pünktlich, Schüler und Lehrer begegnen einander mit Respekt, Klassenarbeiten werden zügig zurückgegeben. Solche und andere Grundsätze des Miteinanders sind im Schulprogramm verankert und von allen akzeptiert. Werden die Vereinbarungen verletzt, zieht dies Sanktionen nach sich.

6.
Die Schule ist nicht nur Lern-, sondern auch Lebensort

Klassen, Flure und Lehrerzimmer sind ästhetisch gestaltet, auf den Fluren und dem Schulhof liegt kein Müll herum, die Toiletten sind sauber. Besucher werden in mehreren Sprachen begrüßt, Hinweisschilder dienen der raschen Orientierung. Die Informationen am Schwarzen Brett und im Internet sind auf dem neuesten Stand.

7.
Sie ist in ihren Stadtteil integriert

Die Lehranstalt hat viele Kontakte in ihrem Viertel – etwa durch Kooperationen mit Sportvereinen, Bibliotheken oder Betrieben. Für Projektarbeiten können die Kinder auch außerhalb der Schule recherchieren. Eltern, Künstler oder Handwerker werden eingeladen, um ihre Erfahrungen und ihr

Wissen in den Unterricht
einzubringen.

8.
Die Lehrer sind keine Einzelkämpfer

Die Pädagogen lassen Kollegen oder Eltern an Unterrichtsstunden teilnehmen. Sie arbeiten in Teams zusammen, tauschen Erfahrungen aus, besuchen Fortbildungen und lassen ihre Leistung evaluieren.

9.
Eltern engagieren sich an der Schule

Väter und Mütter sind nicht nur als Kuchenbäcker für Schulfeste gefragt – die Lehranstalt fördert ihr Engagement auch in Gremien, bei Klassenfahrten und Ausflügen. Die Eltern unterstützen die Arbeit der Schule über einen Förderverein.

10.
Auch Eltern fühlen sich hier wohl

Eltern sollten Informationsabende und Tage der offenen Tür besuchen, dabei einen Schüler begleiten und sich aus seiner Sicht beraten lassen. Sie sollten mit Eltern oder Ehemaligen sprechen und die Schulleitung um ein Gespräch bitten; schon deren Bereitschaft ist ein Zeichen für eine gute Schule. Man kann auch Evaluations-Unterlagen erbitten.

Hans Brügelmann, 62, ist Professor für Erziehungswissenschaften an der Universität Siegen und Autor von „**Schule verstehen und gestalten**" (Libelle 2005, fortlaufend aktualisiert unter **www.agprim.uni-siegen. de/schuleverstehen**).

Die Familie musste umziehen – und Friederike, 19, brauchte eine neue Schule. Eine Suche mit Hürden für Dorothee Stinshoff

Das Sankt-Anna-Gymnasium ist nicht allzu groß – ein wichtiges Kriterium für Dorothee und Hans-Otto Stinshoff

Wir zogen von Aachen nach München, aber an den dortigen Schulen schien Friederike nirgendwo hineinzupassen. Eigentlich hätte sie zu Beginn der 10. Klasse einsteigen sollen. Doch von 42 möglichen Gymnasien gab es kein einziges mit ihrer Sprachenfolge: Die bayerischen Schüler beginnen alle spätestens in der 7. Klasse mit Latein – damit wären ihre Mitschüler ihr zwei Jahre voraus, während sie ihnen in Französisch zwei Jahre voraus war.

Der Ministerialbeauftragte, an den wir uns wandten, sagte, wir müssten den Schulzweig wechseln, uns etwa ein mathematisch-naturwissenschaftliches Gymnasium suchen. Aber das wollte Friederike auf keinen Fall. Sprachen gehörten zu ihren Lieblingsfächern, und sie hatte gute Noten.

Ich war damals im Bundeselternrat, wir diskutierten schon länger mit Bund und Ländern über die Föderalismusreform. In einem Gespräch mit dem damaligen Ministerpräsidenten Edmund Stoiber stellte ich Friederikes Dilemma stellvertretend für die Probleme beim Schulwechsel zwischen den Bundesländern vor. Er sagte mir, unsere Tochter solle eine Klasse wiederholen oder auf eine Privatschule gehen. Das aber kann doch für einen normalen Wechsel keine Lösung sein.

Schließlich hat Edmund Stoiber einige Hebel in Bewegung gesetzt, und wir erhielten die Zusage, dass Friederike im sprachlichen Zweig bleiben und Latein nachholen könne.

Als wir die geeigneten Gymnasien heraussuchten, blieb nur eine Handvoll übrig. Wichtig ist uns, dass es im Schulprofil nicht nur um fachliche und inhaltliche Kenntnisse geht, sondern auch um soziale Kompetenzen. Und: Entwickelt sich die Schule weiter, lässt sie sich evaluieren?

Eine ehemalige Klassenkameradin von mir empfahl das Sankt-Anna-Gymnasium, eine öffentliche Schule mit neusprachlichem Zweig in der Nähe des Englischen Gartens. Sie ist eher klein, aber durch die Zusammenarbeit mit Nachbarschulen kommen alle Kurse zustande.

Gefallen hat uns auch, dass das Sankt-Anna zum Projekt „Modus-21-Schule" gehört. Dabei werden neue Lehrkonzepte erprobt. So besteht fast der gesamte Unterricht aus Doppelstunden, es gibt also weniger Fächer an einem Tag. Das heißt leichtere Schulranzen, weniger Hausaufgaben und ein tieferes Eintauchen in den Stoff.

Bevor wir Friederike anmeldeten, sahen wir uns die Schule an und sprachen mit der Rektorin. Auch die Atmosphäre auf dem Pausenhof gefiel uns. Als wir nach Hause fuhren, dachten wir: Ja, das passt. Ein paar Monate später hatte Friederike ihren ersten Schultag. Von Anfang an hat sie sich wohlgefühlt.

Aber am grundlegenden Problem des Schulwechsels hat sich bis heute nicht viel geändert – ein Unding für eine moderne Gesellschaft. ☐

Der Hamburger Autor **Dr. Christian Heinrich**, 30, hat die Gesprächsprotokolle verfasst. **Anne Schönharting**, 35, hat die Familien fotografiert.

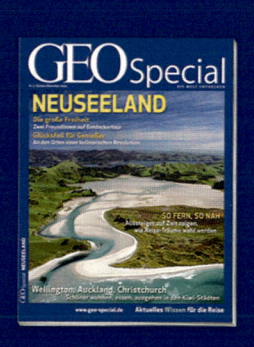

1905: MÄDCHENKLASSE IN BERLIN
Zu viel Bildung könne dem weiblichen Wesen schaden, hieß es im Kaiserreich. Also trennte man nach Geschlechtern

1922: KOEDUKATION IN HAMBURG
Ein Erfolg der Bildungsreformer – in der Weimarer Republik öffneten sich die Jungengymnasien für Mädchen

UM 1935: JÜDISCHE SCHULE KÖLN
Die Nationalsozialisten schlossen 1938 alle öffentlichen Schulen für Juden, auch die Koedukation wurde zurückgedrängt

STREITGESPRÄCH

Rainer Lehmann, 65, ist Professor für Bildungsforschung an der Humboldt-Universität Berlin. Er hat die »Element«-Studie verfasst, die Leistungen von Kindern an vier- und sechsjährigen Grundschulen vergleicht

Hans Brügelmann, 62, ist Professor für Erziehungswissenschaften an der Universität Siegen. Er ist Mitinitiator der Gruppe »Blick über den Zaun«, eines Verbundes reformpädagogisch engagierter Schulen

Nach **vier** oder **sechs** Jahren trennen?

In Berlin und Hamburg ist die sechsjährige Grundschule höchst umstritten. Eine Studie des Bildungsforschers Rainer Lehmann hatte scheinbar klar ergeben, dass eine frühere Trennung für leistungsstarke Kinder besser ist. Der Erziehungswissenschaftler Hans Brügelmann bezweifelt diese Erkenntnis – und fragt, ob allein Noten Maßstab für den Lernerfolg sein sollten

GEO WISSEN: Herr Professor Lehmann, Herr Professor Brügelmann, seit Jahren gibt es Streit darüber, wann Kinder auf eine weiterführende Schule wechseln sollen. Lässt sich diese Frage wissenschaftlich beantworten?

Rainer Lehmann: Das kann man bis heute nicht abschließend entscheiden. Viel mehr als auf vier oder sechs Jahre kommt es auf die Qualität des Unterrichts in der jeweiligen Klassenstufe an. Bildungsforscher waren lange Zeit der Meinung, dass Änderungen an den Schulstrukturen ohnehin nur wenig bewirken. Erst in Reaktion auf die schlechten PISA-Ergebnisse wurden hierzulande Stimmen für eine sechsjährige Grundschule laut: Die Kinder würden dann mehr lernen und die soziale Herkunft nicht mehr eine so große Rolle für den Schulerfolg spielen. Ich halte die Argumente für nicht schlüssig. Man kann mit vier wie mit sechs Jahren gut leben.

Hans Brügelmann: Aber mit sechs Jahren wahrscheinlich besser! Im Übrigen trennt kein anderes vergleichbares Land mit Ausnahme Österreichs seine Schüler so früh wie wir. Richtig ist: Strukturänderungen sind kein Allheilmittel – aber falsche Strukturen können sehr wohl hinderlich sein. Das ist seit der Weimarer Republik ein Dilemma der Grundschule. Sie soll die Kinder zwar fördern, aber sie soll sie auch selektieren: Wer geht später wohin? Das fängt spätestens in der 3. Klasse an; in der 4. Klasse geht es in Bayern bei den Noten sogar um Stellen hinter dem Komma. Da ist schon zu fragen: Wie können wir es hinbekommen, dass die Kompetenzentwicklung des Kindes im Vordergrund steht? Und nicht: Was geschieht, wenn mein Kind keine Gymnasialempfehlung bekommt?

GEO WISSEN: In Hamburg wird die sechsjährige Grundschule nach langem politischem Streit nun eingeführt. In Ihrer Berliner „Element"-Studie, Herr Professor Lehmann, befürworten Sie dagegen einen frühen Wechsel ans Gymnasium.

Lehmann: Wenn man schon sechs Jahre Grundschule will, sollte man es klug anstellen. Das ist aber in Hamburg nicht der Fall. Nur zwei Beispiele: Die Bildungssenatorin Christa Goetsch hat die Sorge, dass angesichts des Andrangs an die

Gymnasien zu wenig Schüler für die geplanten Stadtteilschulen – in denen die jetzigen Haupt-, Real- und Gesamtschulen zusammengefasst werden – übrig bleiben. Daher sollen die Berufsfachschulen und Fachgymnasien verschwinden. Das heißt aber: Gute Schüler aus nichtgymnasialen Zügen haben weniger Chancen, sich berufsorientiert weiterzuqualifizieren.

Wer als Bildungsplaner später eine breite Leistungsspitze haben will, sollte dafür sorgen, dass gute Schüler möglichst früh ans Gymnasium wechseln können. Dort lernen sie in relativ homogenen Gruppen mehr als andernorts. Mittelmäßig leistungsfähige Schüler dagegen profitieren von lernschwächeren Gruppen: mit größerem Selbstwertgefühl, wahrscheinlich auch mit größerem Lernerfolg.

Brügelmann: Von homogenen Leistungsgruppen am Gymnasium kann doch nirgendwo die Rede sein, so früh wir auch trennen. Selbst zu meiner Schulzeit, als drei große 6. Klassen über die Jahre zu zwei kleinen schrumpften, gab es noch in der Abiturklasse große Unterschiede. Und Ihre eigene Studie hat gezeigt, dass die Lernfortschritte beim Lesen in den heterogenen Grundschulklassen 5 und 6 größer sind als in den Gymnasialklassen.

Lehmann: Die Gymnasien in Deutschland sind längst nicht so gut, wie sie sein könnten. Aber insgesamt waren, wie unsere Studie zeigt, die Berliner Gymnasiasten nach den Klassen 5 und 6 leistungsmäßig deutlich besser als Grundschüler, vor allem in Mathematik, und zwar um etwa zwei Schuljahre.

Brügelmann: Das wäre nicht einmal ein Wunder, denn es ist ja sozial gesehen die „Crème de la Crème" der Kinder, die aufs Gymnasium wechselt. Eine neue Auswertung der Daten Ihrer „Elemente"-Studie durch das Max-Planck-Institut für Bildungsforschung hat Ihre Schlussfolgerungen zumindest in Zweifel gezogen; es sei bei vergleichbaren Voraussetzungen praktisch kein Unterschied festzustellen, hieß es. Aber unabhängig davon: Ich frage mich, was überhaupt der Maßstab für den Lernerfolg ist. Die Testergebnisse und

Noten am Ende der Schulzeit? In manchen ostasiatischen Ländern zeichnet sich die Spitze zwar durch sehr gute Kompetenzen in Orthographie oder Pflichtbewusstsein aus. Aber wenn es darum geht, selbst etwas zu gestalten, sieht es anders aus. Ich habe meine Söhne ganz bewusst auf eine Gesamtschule geschickt. Fachlich haben sie dort zwar nicht das gelernt, was sie anderswo hätten lernen können. Aber sie haben andere wichtige Dinge mitbekommen, vor allem, sich selbst zu organisieren.

GEO WISSEN: Das klingt so, als wollten Sie es ihnen künstlich schwer machen.

Brügelmann: Nein, ich wollte ihnen die Chance geben, sich möglichst breit zu entwickeln. Dass sie – überspitzt gesagt – nicht in einer Belehrungsanstalt unmündig gehalten werden. Ich habe den Eindruck, Kinder in Deutschland lernen oft rein zweckorientiert, auf kurzfristige Ziele hin, von denen wir zwar hoffen, dass sie wichtig sind für ihre zukünftige Entwicklung, es aber nicht wissen.

Lehmann: Ein Kind kann durchaus auch in einer leistungsstarken und -homogenen Gruppe lernen, sich selbst zu organisieren. Aber ich stimme zu, in Deutschland glauben wir zu sehr an die Macht von Noten und Bildungszertifikaten. Wer einen guten Abschluss hat, verdient hinterher auch meist gut. Über die Kompetenzen sagt das nicht allzu viel aus.

Brügelmann: Hinzu kommen die sozialen Einflüsse. Wenn wie heute überproportional viele Kinder aus höheren sozialen Schichten aufs Gymnasium gehen, ist deren größerer beruflicher Erfolg nicht nur den Zertifikaten zu verdanken, sondern auch ihrer Herkunft und den Kontakten, die sie haben. Man hat mir als Kind immer erzählt, das humanistische Gymnasium habe so viele Nobelpreisträger hervorgebracht. Das stimmt, aber wer schickt seine Kinder auf ein humanistisches Gymnasium?

GEO WISSEN: Nun soll die Einführung der sechsjährigen Grundschule in Hamburg auch helfen, die viel beklagte soziale Selektivität des Schulsystems zu vermindern. Kann das tatsächlich gelingen?

Lehmann: Das Gegenteil wird eintreten. Denn geplant ist ja ein Zwei-Etagen-Modell: also die Aufteilung in die Klassen 1 bis 3 als eine Art Grundstufe und in die Klassen 4 bis 6, in denen an der Grund-

Moderiert wurde das Gespräch zwischen Lehmann und Brügelmann von Claus Peter Simon und Johanna Romberg

schule Fachunterricht unter Beteiligung von Lehrern aus weiterführenden Schulen erteilt wird. Dafür soll eine Grundschule eng mit einer weiterführenden Schule zusammenarbeiten.

Wozu führt das? Einige Grundschulen werden natürlich mit Gymnasien kooperieren, andere mit den Stadtteilschulen. Welche Grundschulen werden dann wohl von den Eltern von Erstklässlern bevorzugt? Natürlich jene, die mit Gymnasien kooperieren. Das aber heißt, die Entscheidung über die weiterführende Schule wird nicht nach hinten verlagert, sondern noch weiter nach vorn. Plötzlich spielt schon die Wahl der Grundschule eine entscheidende Rolle. Um ihre Kinder auf die „richtige" Schule zu bringen, werden manche Eltern nichts unversucht lassen, und wenn sie sich dafür ummelden müssen.

Brügelmann: Das ist in der Tat ein Problem. Man hat in Hamburg ein System konstruiert, das sehr kompliziert ist, weil es CDU und GAL – die zwei Partner in der dortigen Koalition – halbwegs zufrieden stellen muss, zudem auch Eltern und Lehrer. Das war dann mit Ach und Krach politisch durchsetzbar, aber alles andere als optimal. Da wäre es besser, sogar bis zur 8. oder 10. Klasse gemeinsam zu lernen, den Unterricht in den Klassen aber stärker zu öffnen für individuelle Interessen und Fähigkeiten – und für ein Mit- und Voneinander-Lernen.

Lehmann: Soziale Einflüsse lassen sich aber niemals ganz ausschalten. Wir haben ja den jahrzehntelangen Vergleich zwischen Hamburg mit der bislang vierjährigen Grundschulzeit und Berlin mit der sechsjährigen. Die soziale Selektion ist hier wie dort immer noch gleich groß. Es gibt ganz klare Grenzen in Berlin: In bestimmten Gegenden wohnen sozial Bessergestellte, in anderen sozial schwache Milieus. Das spiegelt sich in den individuellen Fördermöglichkeiten durch die Eltern wider, in der Leistungsstärke der Klassen und schließlich in den Übergangsquoten ans Gymnasium.

Brügelmann: Eine Garantie gibt es natürlich nicht. Aber die Chancen auf mehr Gerechtigkeit steigen, wenn Kinder länger gemeinsam lernen und wir sie nicht in drei, vier Schubladen stecken, obwohl ihre Leistungsprofile variieren und ihre Entwicklungsrhythmen nicht vorhersagbar sind. Hinzu kommt, dass Schule nicht nur ein Ort fachlichen Lernens sein sollte, sondern auch ein Ort des Zusammenwachsens der Gesellschaft. Schule ist heute die einzige Institution, an der alle Menschen zumindest zeitweise über die Grenzen der Milieus hinweg zusammenkommen. Auch das spricht für eine längere gemeinsame Schulzeit.

Lehmann: Ein Journalist, der mich wegen meiner Überzeugungen einmal als „Sozialrassisten" bezeichnet hat, musste kürzlich in einer Talkshow öffentlich einräumen, dass er aus Berlin-Wedding

weggezogen sei, weil er seinen Kindern nicht zumuten wollte, in einer Klasse mit 80 Prozent Migranten zu lernen. Plötzlich erscheint ihm dies – wie vielen anderen – offenbar als eine berechtigte Überlegung von Eltern.

Brügelmann: Aber es gibt auch Schulen wie die Grundschule Kleine Kielstraße in Dortmund, die den Deutschen Schulpreis bekommen hat. Dort sind die Lehrer in der Lage, ganz unterschiedlich entwickelte Schüler individuell zu fördern, sie an ganz unterschiedlichen Themen arbeiten zu lassen. Davon muss es mehr geben. Wenn ich aber ein Belehrungs-Modell von Unterricht habe, dann komme ich mit solchen Situationen natürlich nicht klar. Dann bestimmt das langsamste Glied das Tempo der ganzen Klasse. Das darf nicht sein.

GEO WISSEN: Was ist heute das letztlich Entscheidende für den Bildungserfolg eines Landes?

Lehmann: In hohem Maße das außerschulische Umfeld. In Finnland war die Reform des Schulwesens Teil eines gesellschaftlichen Generalumbaus. Neue Sozialversicherungssysteme wurden eingeführt, es gab eine Landreform, soziale Unterschiede wurden eingeebnet. Daher ist der Zusammenhang zwischen Herkunft und Bildungserfolg dort geringer als bei uns, allerdings auch deshalb, weil es in Finnland kaum Zuwanderung gibt. Hinzu kommen die klaren Lernziele im Anfangsunterricht der Grundschulen. Wenn ein Kind nach drei Monaten nicht lesen und schreiben kann, gibt es in Finnland eine Klassenkonferenz, zum Teil mit Psychologen und Sozialarbeitern. In Deutschland haben wir gesagt, Kinder sind unterschiedlich, die Alphabetisierung kann bis zu drei Jahren dauern. Das ist dann leider für manche Lehrer die Rechtfertigung dafür, dass drei Jahre lang nichts geschieht.

Brügelmann: Wenn es so läuft, ist das natürlich falsch – aber eben eines der Missverständnisse, die man mit etwas offeneren Ansätzen im Unterricht riskiert. Nur: Zu sagen, jedes Kind muss in einem bestimmten Zeitraum dies und jenes erreichen, ist eine pädagogische Omnipotenzfantasie. Jedes Kind sollte seinen eigenen Weg gehen können – es darf dabei nur nicht allein gelassen werden. Wenn sich aber alle Anstrengungen nur auf den Übergang nach Klasse 4 richten, geraten viele pädagogische Anstrengungen leicht unter die Räder.

Lehmann: Ich bezweifle, dass eine längere gemeinsame Grundschulzeit gerechter oder leistungsförderlicher wäre. In Bayern etwa bestimmt die soziale Herkunft zwar stärker als anderswo, auf welche Schule ein Kind geht, nicht aber, wie viel es tatsächlich lernt. Das heißt, Kinder aus sozial benachteiligten Elternhäusern lernen in Bayern mehr als in vielen anderen Bundesländern, ob nun auf dem Gymnasium, der Real- oder Hauptschule. Und letztlich kommt es doch stärker auf die Kompetenzen an als auf Zertifikate.

GEO WISSEN: Was käme heraus, würde man die Qualität eines Abiturs von heute mit der von früher vergleichen?

Brügelmann: Dass es letztlich nicht vergleichbar ist. In Frankreich hat man einmal in einem Bezirk Schulleistungen aus den 1920er Jahren mit denen von heute verglichen. Die heutigen Schüler waren in einigen Bereichen schlechter, in einigen gleich, in einigen besser – aber viele Inhalte gab es damals noch gar nicht. Die Rechtschreibung beherrschten die Schüler damals zweifellos besser, dafür wurde aber auch viel Unterrichtszeit benötigt.

GEO WISSEN: Ob nun vier oder sechs Jahre gemeinsamen Lernens – irgendwann steht dann doch der Übergang an. In der Hälfte der Bundesländer entscheiden vor allem die Lehrer, in den anderen die Eltern. Was ist gerechter, wer kann besser prognostizieren, wie sich ein Kind entwickeln wird?

Brügelmann: In beiden Fällen lässt sich kaum vorhersagen, welchen Weg ein Kind nimmt. Es gibt Bildungsforscher, die sind zufrieden damit, dass wir nach der vierjährigen Grundschule Fehlprognosen von „nur" 30 bis 40 Prozent haben. Für mich ist es ein Armutszeugnis, dass so viele Kinder eine Klasse wiederholen oder die Schule wechseln. Daher ist es wichtig, viel Zeit zu haben, ehe man eine endgültige Entscheidung über die Schulform trifft.

Lehmann: Das Beispiel Berlin zeigt aber, dass die Prognosen nach der Klasse 6 nicht besser ausfallen. Meiner Ansicht nach sind

die Bundesländer, die eine Orientierungsstufe oder Beobachtungsstufe haben, damit recht gut gefahren. Dort entscheiden am Ende die Lehrer, wo das Kind gut aufgehoben ist.

GEO WISSEN: Sehr objektiv ist auch das nicht, denn die weiterführenden Schulen haben oft ein starkes Eigeninteresse und lassen Schüler dann nur ungern an eine andere Schulform wechseln.

Lehmann: Zweifellos. Die Gymnasien geben bei Weitem nicht so viele Schüler ab, wie es dem Leistungsstand nach gerechtfertigt wäre, und die Realschulen halten natürlich an ihren Leistungsträgern fest. Auch an den sechsjährigen Berliner Grundschulen passieren mitunter ganz eigenartige Dinge: Da sinkt der Notenspiegel zu Beginn der 4. Klassen oft ganz plötzlich in den Keller, weil kurz darauf die Entscheidung ansteht: bleiben oder nach Klasse 4 ans Gymnasium wechseln. Das dürfen aber nur die leistungsstarken Kinder. Davon profitieren vor allem bildungsnahe Elternhäuser, die ihre Kinder zusätzlich fördern, um ihnen den schnellen Übergang ans Gymnasium zu ermöglichen. Damit hat man dann das Gegenteil dessen erreicht, was beabsichtigt war.

GEO WISSEN: Das klingt so, als sei es ziemlich gleichgültig, was man macht, am Ende kommt sowieso immer dasselbe heraus.

Brügelmann: Es gibt außerhalb des Vatikans kaum eine Institution, die sich so langsam wandelt wie Schule. Unsere Vorstellungen, was es bedeutet, soziale Systeme zu verändern, sind sehr naiv. Auch die so hoch gelobten skandinavischen Schulsysteme haben viele Jahrzehnte gebraucht, um sich zu dem zu entwickeln, was sie heute sind. Kaum ein Eingriff in ein Schulsystem ist an sich falsch oder richtig. Wir können nur sagen, er hat dieses Potenzial und jene Risiken. Aber mit einer solchen Offenheit lässt sich in Deutschland keine Politik machen. Da ist die vermeintlich schnelle Lösung gefragt. Daher bastelt man ständig an den Strukturen herum, statt mit langem Atem den Unterricht zu verbessern. □

Fragen: **Johanna Romberg** und **Claus Peter Simon**; Fotos: **Dawin Meckel**

1950: SCHULSPEISUNG IN WESTBERLIN
Mangelverwaltung nach dem Krieg: Es fehlte an Nahrungsmitteln, ausgebildeten Lehrern und Klassenräumen

1979: EDV-UNTERRICHT IN DRESDEN
Die DDR wollte das westdeutsche Bildungssystem überflügeln – auch mithilfe von Robotron-Computern

1991: GESAMTSCHULE IN BONN
Das Konzept dieser Schulform war immer umstritten – das Land Bayern etwa hat fast alle Einrichtungen wieder aufgelöst

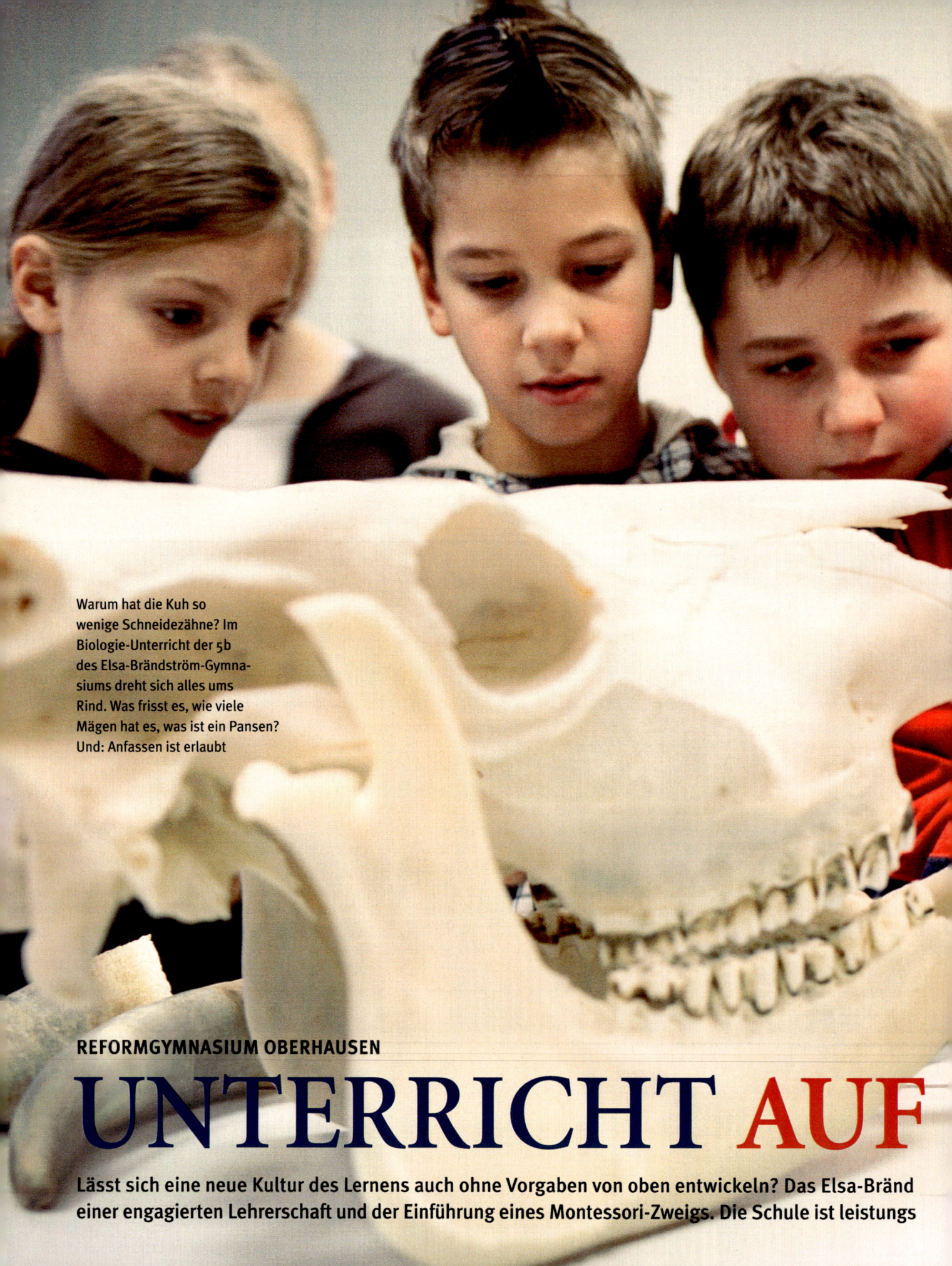

Warum hat die Kuh so
wenige Schneidezähne? Im
Biologie-Unterricht der 5b
des Elsa-Brändström-Gymna-
siums dreht sich alles ums
Rind. Was frisst es, wie viele
Mägen hat es, was ist ein Pansen?
Und: Anfassen ist erlaubt

REFORMGYMNASIUM OBERHAUSEN

UNTERRICHT AUF

Lässt sich eine neue Kultur des Lernens auch ohne Vorgaben von oben entwickeln? Das Elsa-Bränd
einer engagierten Lehrerschaft und der Einführung eines Montessori-Zweigs. Die Schule ist leistungs

AUGENHÖHE

ström-Gymnasium in Oberhausen versucht es: mit einer innovativen Rektorin, stark – und kann sich vor Anmeldungen kaum retten

VON JOHANNA ROMBERG (TEXT) UND
ANDREAS REEG (FOTOS)

Deutschstunde in der Klasse 5b. „Mahmud", sagte Frau Dr. Risse kürzlich, „erzähl doch mal, was hast du in den letzten zwei Wochen gelernt?"

Sie stellte die Frage am Ende einer intensiven Arbeitsphase, in der sich die 5b, unter anderem, mit Personalpronomina auseinandergesetzt sowie die erste gemeinsame Lektüre eines Romans beendet hatte.

Mahmud, zehn Jahre alt, hat kurz nachgedacht und dann gesagt: „Eigentlich nix."

„Hm. Bist du sicher?"

„Nix", hat Mahmud bekräftigt und dabei so ungerührt geguckt, als wären die letzten zehn, zwölf Deutschstunden an ihm vorübergezogen wie ein Herbstgewitter, das keine bleibenden Flurschäden verursacht hat.

Erika Risse, Direktorin am Elsa-Brändström-Gymnasium in Oberhausen, erinnert sich gern an diesen Dialog. Weil er so anschaulich zeigt, was man im Schulalltag häufig verdrängt: dass Lernen immer ein unberechenbarer Vorgang ist und jede Unterrichtsstunde, egal wie gut ein Lehrer sie plant, ein Experiment mit offenem Ausgang.

Was ist Wissen, wie erwirbt man es, und wie kann man es, im Wortsinn, behalten? Was bleibt von einer Deutschstunde am Ende eines Schuljahres, was bleibt von acht oder neun Schuljahren für den Rest eines Lebens?

Man kann, als Pädagoge, über solchen Fragen verzweifeln. Man kann sie aber auch zum Leitprogramm einer Schule erheben.

Die Lehrer des Elsa-Brändström-Gymnasiums haben das getan, zu einer Zeit, als noch niemand von der PISA-Katastrophe redete. Sie haben bewiesen, dass man Schulreformen nicht von oben verordnen muss, sondern viel besser von unten anpacken kann.

Das ELSA, wie es von seinen Schülern und Lehrern genannt wird, liegt im Zentrum der Ruhrgebietsstadt Oberhausen. 1874 als „Städtische paritätische höhere Mädchenschule" gegründet, trägt das Gymnasium seit 1958 den Namen der schwedischen Philanthropin Elsa Brändström. 1250 Schülerinnen und Schüler kommen täglich in den mächtigen wilhelminischen Rotklinkerbau, der mitsamt einer Erweiterung aus den 1970er Jahren einen ganzen Wohnblock einnimmt.

Von außen betrachtet, wirkt das ELSA wie eine ganz normale Schule. Breite, hallende Gänge mit Linoleumböden, Hakenreihen, an denen Turnbeutel und Winterjacken baumeln, geschlossene Türen, hinter denen sich helle Stimmen bei Stundenbeginn zum Begrüßungschor formieren: „Guuteeen Moorgeeen, Heeer Kaaamps!"

Der Schulgong läutet im 45-Minuten-Takt, Pausenhalle und Schulhof füllen sich zweimal täglich – mit johlenden, kickenden Fünftklässlern und lässigen Halbwüchsigen, die Musik hören, Pizza mampfen und die Pappteller auch schon mal hinter die Heizkörper klem-

Der Backsteinbau in der Oberhausener Innenstadt ist alt, das Geld für Renovierungen knapp. Die Kinder kommen trotzdem gern. Denn die Lernatmosphäre stimmt

men. Die „Schulpost" informiert monatlich, online und auf Papier: über Termine und Ereignisse, Zeugniskonferenzen, Klassenreisen, Elternseminare, das Pausenhallenkonzert der Bläser-AG und den Sieg der 10. Klassen beim IT-Sicherheitspreis NRW.

Es ist viel los am ELSA, denn die Schule ist nicht nur groß, sondern ungewöhnlich gut vernetzt. Die Webseite www.elsa-oberhausen.de verzeichnet Dutzende Kooperationspartner: vom

Lernen heißt hier, sich im Kopf ein eigenes Bild von der Welt zu konstruieren, Erkenntnispfade zu bahnen

Bürgerfunk-Studio über die städtischen Gartenbaubetriebe und die Internationalen Kurzfilmtage Oberhausen bis zum Naturkostladen um die Ecke.

Es scheint, dass sich die Institutionen förmlich darum reißen, mit dem Gymnasium zusammenzuarbeiten, und auch auf Schüler wirkt es wie ein Magnet: Die Anmeldungen für das neue Schuljahr würden reichen, sechs fünfte Klassen zu füllen.

Was macht das ELSA so anziehend?

AM DIENSTAGMORGEN beginnt der Unterricht für Mahmud und seine Klassenkameraden um Viertel nach acht. Die 5b: Das sind 15 Jungen und 15 Mädchen, der jüngste neun, das älteste elfeinhalb Jahre alt. Alle haben eine Gymnasialempfehlung, was in Nordrhein-Westfalen seit 2006 verbindlich ist: Sie soll sicherstellen, dass das Leistungsniveau in den weiterführenden Schulen einigermaßen ausgeglichen ist.

Davon kann allerdings in der 5b, wie auch in deren Parallelklassen, kaum die Rede sein.

Einige Kinder rechnen, nur so zum Spaß, schon mit Brüchen und Potenzen; andere kommen beim Addieren vierstelliger Zahlen noch ins Schleudern. Einige verwenden, im spontanen Gespräch, Wörter wie „systematisch", „relativ" und „Schlussphase", andere müssen nachfragen, was das heißt. Einige beschäftigen sich in ihrer Freizeit mit

Der Deutschlehrer Dirk Kamps kann beides: der Klasse sagen, wo es langgeht – aber auch sich zu einzelnen Schülern setzen und einfach nur zuhören. Etwa, um mit Christina-Marie aus der 6d ein Aufsatzproblem zu lösen

Diamantstrukturen oder der Geschichte der alten Griechen, andere lesen Comics, Pferdebücher oder auch nichts.

Es gibt unter den 30 Kindern ruhige, konzentrierte Zuhörer ebenso wie Zappelliesen und -philippe, die es kaum fünf Minuten am Stück auf dem Stuhl aushalten. Acht Kinder sprechen zu Hause auch Türkisch, Russisch oder Arabisch, acht sind vor dem Übergang aufs Gymnasium als hochbegabt getestet worden – für sie bietet das ELSA spezielle Förderprogramme.

An den meisten Schulen würde so viel Verschiedenheit als Erschwernis betrachtet; dort würden die Lehrer nach Kräften versuchen, die einen zu bremsen und die anderen anzutreiben, um

ein halbwegs ausgeglichenes Niveau zu erreichen. Am ELSA gehen die Lehrer dagegen den umgekehrten Weg: Sie versuchen, das gesamte Spektrum der Begabungen zur Entfaltung zu bringen. Dazu setzen sie eine Unterrichtsmethode ein, die sich „Freiarbeit" nennt.

Das sieht, am Dienstagmorgen um kurz nach acht, etwa so aus: Nach der Begrüßung („Guteeeen Moorgeeen, Frau Meyer-Riiefooorth!") springen alle 30 Kinder von ihren Plätzen, ohne weiter auf die Lehrerin zu achten, laufen durchein-

ander, formieren sich zu kleinen Gruppen, scharen sich um Tische, schwärmen hinaus auf den Flur oder in einen Nebenraum. Tische werden verrückt, Teppiche und Decken auf dem Boden ausgebreitet. Und dann beginnt – ja, was?

Man muss, um das herauszufinden, in aller Ruhe von Gruppe zu Gruppe gehen, zuhören, über Schultern schauen. Es geht um vieles und durchaus Verschiedenes. Um Quadrate und Rechtecke, Würfel und Quader. Das Schwein und seine Lebensweise. Reim dich, oder ich fress dich! What's the time? An einem Tisch werden Zifferblätter auf Papier geklebt, auf dem Flur dichten fünf Mädchen gemeinsam einen Rap-Gesang. Und Mahmud probiert mit vier

Freunden aus, welche Geräusche am besten ein selbst geschriebenes Theaterstück untermalen.

Die Lehrerin erklärt wenig, ermahnt kaum, und das muss sie auch nicht, denn die Kinder beschäftigen sich weitgehend selbst. Und je länger man ihr zusieht, desto mehr kommt man zu dem Schluss, dass Lehrer, alles in allem, doch einen sehr entspannten Beruf haben.

Das stimmt – einerseits, sagen Cornelia Meyer-Rieforth und ihre Kollegen. Andererseits ist Freiarbeit auch anstrengend und aufwendig. Nicht nur für die Lehrer, die das Unterrichtsmaterial in der Regel selbst entwerfen müssen, statt es, wie gewohnt, aus Büchern zu entnehmen. Sondern auch für die Schüler.

Denn die haben, neben dem Unterrichtsstoff, ein Bündel elementarer Arbeitstechniken zu bewältigen. Leise reden. Ordner wieder an ihren Platz stellen. Blätter richtig einheften. Mit Lochern und Büroklammern umgehen. Sich die Zeit einteilen.

Und immer wieder: Entscheidungen treffen. Planen. Bilanz ziehen.

Was werde ich heute tun? Was interessiert mich? Was muss ich tun, obwohl es mich nicht interessiert? Mit wem will ich arbeiten und wo? Was habe ich bisher geschafft? Was ist mir gelungen, was muss ich noch verbessern?

Im normalen Frontalunterricht, sagen die Lehrer, können sich die Kinder solche Fragen kaum stellen, geschweige denn beantworten – das würde zu sehr vom Lehrplan und vom Unterrichtsstoff ablenken.

Dadurch aber bleibt eine zentrale Frage außen vor: Was geschieht mit dem Stoff, wenn der Unterricht vorbei und der Lehrplan erfüllt ist?

Denn lernen heisst ja nicht: fertiges Wissen vom einen Kopf in den anderen zu transferieren. Es heißt: sich im Kopf ein eigenes Bild von der Welt zu konstruieren. Erkenntnispfade zu bahnen, die niemand exakt vorgezeichnet hat. Und sich unterwegs immer wieder bewusst zu machen, welche Strecke man schon zurückgelegt hat.

So steht es im Schulprogramm des ELSA, so kann man es, seit Jahren, in jedem Fachaufsatz über Hirn- und Lernforschung nachlesen.

Und nicht nur dort. Denn die Erkenntnisse über die Psychologie des Wissenserwerbs sind nicht neu.

Auch die Neurodidaktiker untermauern mit ihren Studien nur, was Pioniere der pädagogischen Praxis schon vor über 100 Jahren erkannt haben: dass Lernen eine so alltägliche, selbstverständliche Tätigkeit ist wie Essen und Atmen, dass jedes Kind mit einem natürlichen Wissens- und Erfahrungsdrang auf die Welt kommt und die beste Schule diejenige ist, die diesem Wissensdrang die größte Entfaltung ermöglicht.

Reformpädagogik heißt jene Erziehungslehre, die auf diesen Leitideen aufbaut. Zu ihren wichtigsten Vertretern gehören die 1870 geborene italienische Ärztin Maria Montessori sowie Peter Petersen, der Begründer der Jenaplan-Schulen; und der französische Pazifist und Pädagoge Célestin Freinet. In Deutschland hatten diese Reformer seit jeher viele Anhänger. Dennoch ist die „vom Kind aus" denkende Pädagogik,

Eine Schulkantine einrichten? Kein Geld, sagte die Stadt. Dann organisieren wir eben selbst einen Mittagstisch, sagten Eltern und Lehrer

Dreimal pro Woche steht für die Klassen 5 und 6 Freiarbeit auf dem Plan. Dabei lernt Anna Lena, einen Ordner zu führen, sich die Zeit einzuteilen. Und erfährt nebenbei, wie befriedigend es ist, sich selber Ziele setzen zu können

sind Freiarbeit und individualisierter Unterricht hierzulande bis heute ein Nischenangebot geblieben. Denn das staatliche Schulsystem setzt unbeirrt auf das gegenteilige Prinzip: auf Lernen im Gleichschritt, in homogenen Gruppen, vorsortiert nach Leistungsfähigkeit.

Und noch immer verkünden Gymnasialdirektoren auf Elternabenden ungerührt, die Zahl der fünften Klassen werde sich bis zur Mittelstufe um mindestens eine reduzieren – es sei ganz natürlich, dass ein Teil der Schüler „auf der Strecke" bleibe.

Über all das klagt kaum jemand, am wenigsten tun es die Eltern selbst. Lieber investieren sie in Nachhilfe, damit ihre Kinder im Bildungswettlauf mithalten können. Da mögen Experten noch so oft die Vorzüge einer kinderzentrierten Pädagogik beschwören: An

der Institution Gymnasium prallen bisher alle Argumente ab.

Aber selbst scheinbar uneinnehmbare Festungen lassen sich von innen heraus verändern – ohne dass man sie gleich schleifen muss.

Die Geschichte des ELSA, aber auch anderer Reformschulen zeigt vor allem eines: dass sowohl Geist als auch Struktur einer Schule in hohem Maß von der Person des Direktors geprägt werden. Das ist durchaus nicht so selbstver-

ständlich, wie es klingt. Denn deutsche Schulleiter und -leiterinnen sind ja keine wirklichen Chefs; sie können niemanden entlassen oder zusätzlich einstellen, sie können weder einen Umbau anordnen noch den Lehrplan ändern, all dies fällt in die Kompetenz der Schulbehörden.

Doch eine Schule lässt sich auch im Rahmen bestehender Gesetze von Grund auf umgestalten. Erika Risse, die das ELSA seit 1986 leitet, hat eine ungewöhnliche Eigenschaft: Sie traut Menschen etwas zu. Wer in ihrer Gegenwart eine Idee äußert, muss darauf gefasst sein, von einem Moment auf den anderen zum Leiter eines Projekts, einer Arbeitsgruppe ernannt zu werden.

Was das bewirkt, ist seit 1987 immer mal wieder in den Oberhausener Lokalzeitungen nachzulesen:

„Offene Türen sollen Schule machen: ‚ELSA' lädt zum Nachbarschaftsfest." – „Schließung des Thyssen-Stahlwerks: Sozialkundekurs am ‚ELSA' untersucht die Langzeitfolgen." – „Programm zur Wohnumfeldverbesserung in der Innenstadt: Garten auf dem Schuldach geplant."

DIE NEUE DIREKTORIN hat, ohne viel Federlesens, eine mächtige unsichtbare Mauer niedergerissen: jene Mauer, die zwischen der Lehranstalt und dem „wahren" Leben verläuft, zwischen Dienstpflichten und privaten Interessen von Lehrern und Schülern.

Ab sofort, daran lässt Erika Risse 1986 keinen Zweifel, sollen ebendiese Interessen und Talente die wichtigsten Bausteine des ELSA bilden. Bald nach ihrem Amtsantritt verkündet die Rektorin einen kühnen Plan: Sie will einen Montessori-Zweig einrichten, der freies, individualisiertes Lernen bis Klasse 10 fest im Lehrplan verankert.

Es gibt viele Gründe, diesen Plan für aberwitzig zu halten. Die Ärztin Maria Montessori aus Ancona hat ihre Lehre im Umgang mit geistig behinderten Kindern entwickelt, und die speziellen Arbeitsmaterialien der „autoeducazione"

werden bis heute vor allem in Kindergärten und Grundschulen eingesetzt.

Die ELSA-Lehrkräfte müssten also nicht nur eine Zusatzausbildung absolvieren, sondern auch ein Instrumentarium entwickeln, das den Ansprüchen des gymnasialen Lehrplans gerecht würde.

Erika Risse schlägt Bedenken nicht in den Wind. Sie stellt klar: Das Experiment wird nur in Angriff genommen, wenn sich mindestens zwei Drittel des

Immer wieder muss die Schulleitung versichern, dass der Montessori-Zweig kein Anschlag aufs Gymnasium ist

Kollegiums in geheimer Abstimmung dafür aussprechen.

Am Ende beantworten die ELSA-Lehrer die Vertrauensfrage mit Ja. Die Schulbehörde gibt, vom Votum des Kollegiums überzeugt, ihr Einverständnis.

Zwei Jahre später tauchen auf den Fluren des Elsa-Brändström-Gymnasiums die ersten „Teppichkinder" auf: So nennen Mitschüler, aber auch Lehrer die Fünftklässler, die auf Decken und Matten bäuchlings vor sich hin tüfteln.

„Sagt mal, lernt ihr auch mal irgendwann was?" Diese Frage bekommen die „Teppichkinder" anfangs oft zu hören. Immer wieder muss die Schulleitung besorgten Besuchern versichern, dass die Einführung des Montessori-Zweigs keinem Anschlag auf die Schulform Gymnasium gleichkomme. Dass auch die „Teppichkinder" die meiste Zeit über normalen Fachunterricht haben, mit Hausaufgaben und Klassenarbeiten, dass die eigentliche Freiarbeit nur sechs Stunden pro Woche umfasst und dass deren Ergebnisse, selbstverständlich, auch benotet werden.

Diese sechs Stunden aber entwickeln im Lauf des Schuljahrs eine eigentümliche Ansteckungskraft. Die Lust am Experimentieren breitet sich nach und nach im gesamten Kollegium aus; viele erlauben sich auch im „normalen" Unterricht neuerdings ungewohnte methodische Freiheiten.

Natürlich ist es für viele Lehrer zunächst ungewohnt, sich selbst in der

Tuba spielen ist für Edwin nicht nur ein Hobby, sondern ein Schulfach. Weil gemeinsames Musizieren Konzentration und Teamgeist fördert, hat das Gymnasium vor vier Jahren Bläserklassen eingerichtet

Rolle des Lernenden zu sehen. Dass Mitglieder eines Kollegiums sich regelmäßig über didaktische Grundsatzfragen austauschen, dass sie einander gar im Unterricht besuchen, um dann, auf der Basis kollegialer Kritik, systematisch Kriterien für erfolgreiches Lehren zu entwickeln – das ist an den meisten deutschen Schulen bis heute unüblich. Es bedeutet, sich von „bewährten" Unterrichtsstrategien verabschieden zu müssen; es bedeutet, den Begriff Schule neu zu definieren: Was einst eine festgefügte Institution war, verwandelt sich zusehends in eine Werkstatt, die ständig einem Bombardement von Ideen und Vorschlägen ausgesetzt ist.

DIE SCHÜLER UND DEREN ELTERN sind es vor allem, die der Eigen-Reform des Gymnasiums zum entscheidenden

Während der Inszenierung eines Gruseldramas beraten die drei Mitwirkenden über ihr Vorgehen. Das Theaterspiel soll die Fantasie und das Textverständnis anregen

Erfolg verholfen haben: Ihre positiven Erfahrungen sprachen sich so schnell herum, dass das ELSA schon ein Jahr nach Start des Reform-Experiments eine weitere Montessori-Klasse einrichten konnte. Seit 2004 ist Freiarbeit aufgrund der starken Nachfrage für alle fünften Klassen Standard.

Erika Risse wird oft gefragt, ob sie nicht lieber eine wirklich freie Schule leiten würde, die weder an Richtlinien noch an Budgetvorgaben gebunden wäre, deren Leitung freie Hand bei der Auswahl der Lehrer wie bei der Gestaltung des Lehrplans hätte.

So viel Freiheit, sagt die Direktorin, habe natürlich ihren Reiz. Aber was finge man damit an?

Man könnte demonstrieren, wie ein idealer Ort zum Lernen aussähe. Könnte, am Beispiel einer Schule, ein radikales Gegenmodell zum bestehenden Bildungssystem schaffen.

Aber damit hätte man dieses System noch kein bisschen verändert. Und gerade darum gehe es doch, erklärt Erika Risse: Reformen anzustoßen, die möglichst viele Nachahmer finden. Überzeugend zu zeigen, wie man auch mit kleinen Schritten grundlegende Veränderungen bewirken kann.

Dazu braucht es natürlich Vertrauen – darauf, dass das real existierende Schulsystem überhaupt reformierbar ist. Aber dieses Vertrauen hat Erika Risse auch in 23 Dienstjahren als Direktorin nicht verloren.

Im Lauf dieser Jahre hat sich das ELSA zu einer gefragten Anlaufstelle für Pädagogen aus dem ganzen Land entwickelt. Vor allem die Montessorierfahrenen Lehrkräfte sind immer wieder als Berater gefragt – auch an solchen Schulen, die das Reformieren bisher nur als Gedankenspiel betreiben.

Es hat seinen Grund, dass viele über diese Phase nie wirklich hinauskommen. Zwar räumen die Kultusministerien den Schulen seit einiger Zeit mehr Freiräume ein: Sie können jetzt einen Teil ihres Budgets selbst verwalten, Lehrer passend zum Schulprofil einstellen oder den Schulbeginn verlegen.

Doch es gibt bisher nur wenige Schulen, die solche Freiräume nutzen. Denn nie standen Bildungseinrichtungen unter so kritischer Beobachtung wie heute. Nicht nur durch die Schulaufsicht und die Öffentlichkeit, sondern auch vonseiten der Eltern: Sind unsere Kinder fit genug in Mathematik? Könnten sie mit den PISA-Siegern mithalten? Brauchten

Am Elsa-Brändström-Gymnasium lernen die Schüler auch von ihren Klassenkameraden. Alle Kinder in der 5b haben einen »Lernpartner«. Da kann jeder mal der Chef sein – und jeder muss dem anderen auch zuhören

sie, anstelle von Chor- und Theater-AG, nicht eher Zusatzstunden in Naturwissenschaften? Sind sie gerüstet für die nächsten landesweiten Lernstandserhebungen und das Zentralabitur? Können wir uns, angesichts der verkürzten Schulzeit, noch Experimente wie Freiarbeit, Bläserklassen oder erweiterte Schülermitverwaltung leisten?

Solche Fragen werden gelegentlich auch am ELSA gestellt – und dann braucht es das gesammelte Selbstbewusstsein einer reformerfahrenen Schulgemeinschaft, um zu entgegnen: Wir sind gut – nicht *obwohl*, sondern *weil* wir besonders sind!

Weil wir uns nicht an Bildungsmoden und Marktbedürfnissen orientieren, sondern an unseren Idealen; weil wir die Qualität unserer Arbeit weniger an Tests messen als nach selbst entwickelten Kriterien beurteilen.

Wie gut sind wir wirklich? Diese Frage ist für eine deutsche Schule gar nicht so leicht zu beantworten. Denn es gibt hierzulande kein fundiertes Ranking-System, wie etwa in Kanada, und regelmäßige Schulinspektionen, wie in den Niederlanden üblich, sind erst vor wenigen Jahren eingeführt worden (im ELSA gab es bisher noch keine).

Natürlich könnte das ELSA auf die Ergebnisse der zentralen Abiturprüfungen verweisen, bei denen die Durchschnittszensuren beispielsweise 2009 deutlich über dem Landesdurchschnitt lagen. Oder auf die Zahl der Anmeldungen, die seit Jahren um 15 bis 20 Prozent über dem Aufnahmevermögen der Schule liegen.

Aber damit gibt man sich nicht zufrieden. Transparenz und ständige Selbstüberprüfung gehören zum Selbstbild des ELSA. Und deshalb greift das Gymnasium auf ein Bewertungsinstrument zurück, das von Schulexperten entwickelt wurde und sich, unter anderem, in Kanada bereits bewährt hat.

Das System SEIS (Selbstevaluation in Schulen) stützt sich auf das Urteil von Schülern, Eltern und Lehrern. Die sind eingeladen, mithilfe von Fragebögen die Qualität ihrer Schule zu beurteilen – anhand einer Vielzahl von Kriterien, zu denen Fachkompetenz der Lehrer, Un-

Bei der letzten zentralen Abiturprüfung lagen die Zensuren in der Regel klar über dem Landesschnitt

terrichtsmethoden und gerechte Leistungsbewertung ebenso gehören wie das soziale Klima und die Managementfähigkeiten der Schulleitung.

SCHULREFORM IST EIGENARBEIT! Dieser Satz könnte auch über der Tür zum Zimmer der Direktorin stehen. Darin sieht es aus, als stünde ein Umzug un-

Zwei Brüche addieren, wie könnte das funktionieren? Im Mathe-Unterricht werden keine vorgestanzten Rezepte durchgepaukt, sondern gemeinsam verschiedene Lösungswege erkundet

mittelbar bevor. Zwischen Schreib- und Konferenztisch lagern Bücherstapel, Plakatständer, Kartons voll mit Korrespondenz und Projektentwürfen. In einer freien Ecke vor dem Fenster lagert die jüngste Deutscharbeit der 5b.

Es ist keine gewöhnliche Klassenarbeit, das erkennt man auf Anhieb. Die Kinder haben keinen sauber geschichteten Heftstapel übergeben, sondern ein Sammelsurium aus Mappen und Kisten, das aussieht wie die Ausbeute einer Schatzsuche. Und genau das ist es auch.

Zehn Wochen lang haben die Kinder Peter Härtlings Roman „Alter John" erkundet – und dabei, angeleitet von wenigen Fragen, festgehalten, was immer sie interessierte, faszinierte, verstörte oder zu Nachforschungen verlockte.

Das schmale Bändchen hat es in sich. Es geht darin um Generationenkonflikte, Altwerden, Sterben, deutsche Kriegsgeschichte, um das Handwerk des Stofffärbens und Verhaltensregeln in Badeanstalten.

All das haben die Schüler der 5b zu Portfolios verarbeitet, die aufs Schönste demonstrieren, dass Lesen eben ein durch und durch subjektiver, anarchischer Vorgang ist.

Julian, der Systematik liebt, hat eine „Mind Map" mit 55 Positionen erstellt, um die „Konstellationen der Figuren zu veranschaulichen", wie er schreibt. Das Mädchen Ümmühan, naturverbunden, hat einen Steckbrief des Färberknöterichs angefertigt und ihm eine selbst gesammelte Pflanze beigelegt. Jannik hat im Internet über Schlaganfälle recherchiert und von seinem Opa berichtet, der eines Tages „einfach umgefallen ist und tot war". Und Sarah schreibt, in einem Brief an den Autor, dass sie der Tod des Romanhelden doch sehr irritiert hat: „Ich dachte, dass Geschichten immer mit einem Happy End enden!"

Dies zu bewerten, gar mit Noten, ist keine einfache Aufgabe. Aber die Direktorin stützt sich nicht nur auf ihr eigenes Urteil: Jeder Schüler hat seine Arbeit von einem „Lernpartner" begutachten lassen, und auch die Eltern waren eingeladen, die Arbeit ihrer Kinder kritisch zu kommentieren.

Was habt ihr gelernt, Sarah, Mahmud, Julian und Ümmühan?

Auch mit dieser Frage haben sich die Kinder auseinandergesetzt, einige mit solcher Hingabe, dass sie gleich ein ganzes Bündel Antworten abgegeben haben. Ich habe gelernt, was der Unterschied zwischen Mind Map und Cluster ist, schreibt Ümmühan. Ich habe gelernt, zu recherchieren und zu analysieren, schreibt Julian.

Mahmud bekennt, zu lange Material gesammelt zu haben, weshalb er in der Schlussphase zu wenig Zeit zum Ausarbeiten hatte.

Theresa weiß jetzt, dass man querlesen muss, um Einzelheiten herauszufinden, und dass man sich in Briefen immer höflich ausdrücken sollte.

Die schönste Antwort stammt von Ümmühans Freundin Pelin. „Ich habe gelernt, dass man alles pünktlich machen und abgeben sollte", schreibt sie.

„Außerdem sollte man aus allem das Beste machen." □

*Der Fotograf **Andreas Reeg**, 38, und die GEO-Redakteurin **Johanna Romberg** frischten in der 5b auch eigenes Schulwissen auf: über Huftiere und Bruchrechnen ebenso wie über die Kant'sche Erkenntnistheorie. Die wichtigste Erkenntnis der Reporter: Gute Schulen brauchen Netzwerke.*

Kinder auf der ÜBERH

Wenn es um den Schulerfolg ihres Nachwuchses geht, entwickeln
manche Eltern großen Ehrgeiz. Doch welche Folgen hat der Erwartungsdruck
für die betroffenen Jungen und Mädchen?

VON ALEXANDRA RIGOS (TEXT) UND DANIEL MATZENBACHER (ILLUSTRATION)

Die fünfjährige Julia kennt schon die Namen aller acht Planeten. Der vierjährige Diego weiß, wer die „Mona Lisa" gemalt hat. Und der gleichaltrige Daniel kann ein Wirbeltier von einem Wirbellosen unterscheiden. Mit solchen Beispielen umwirbt die Firma „Fastrackids" Eltern, die ihren Nachwuchs rechtzeitig darauf vorbereiten wollen, „in unserer sich ständig verändernden Welt Erfolg zu haben".

„Fastrackids" (was so viel bedeutet wie „Kinder auf der Überholspur") bietet die Förderung von Kindern im Alter zwischen sechs Monaten und acht Jahren an. Offeriert werden Kurse in zwölf Fächern, darunter Astronomie und Ökonomie, aber auch „Ziele und Lebensstrategien". Die erste deutsche Filiale des US-Unternehmens hat 2007 in Berlin eröffnet – und sie läuft offenbar so gut, dass ein Ableger in Hannover hinzugekommen ist.

Auch an den Schulen treibt elterlicher Ehrgeiz mitunter ungewöhnliche Blüten. Die Grundschulpädagogin Sabine Czerny berichtet von Strategien, mit denen Eltern ihren Kindern vermeintlich Vorteile sichern wollen. Sie präsentieren etwa ärztliche Atteste über gesundheitliche Beeinträchtigungen – mit dem Verweis, der kleine Patient müsse dringend in der ersten Reihe sitzen. Väter recherchieren am Wochenende

den Unterrichtsstoff im Internet und lassen die Kinder vorlernen. Mütter fälschen Übungsarbeiten und verfassen eigenhändig Spickzettel für Klassenarbeiten. Eine Mutter kam gar zu Sabine Czerny und forderte, sie solle als Lehrerin dafür sorgen, dass ihre Tochter unter die besten fünf der Klasse komme.

Immer mehr Eltern gehen wegen der PISA-Debatte offenbar davon aus, dass gute Bildungsabschlüsse ohne zusätzliche Förderung nicht zu erreichen sind. Experten wie der Schweizer Kinderarzt Remo Largo beklagen eine regelrechte „Förderindustrie", die „elterliche Ängste für kommerzielle Zwecke" ausnutze.

Nachhilfe gibt es heute oft auch bei guten Noten

Zugleich sind die Ansprüche der Eltern an die Ausbildung des Nachwuchses gewaltig: Rund 60 Prozent wünschen sich, dass ihr Kind den Gymnasialabschluss schafft. Tatsächlich aber erreichen derzeit nur rund 45 Prozent der Schüler Abitur oder Fachabitur.

Zudem hat die Hirnforschung die Sorge geweckt, noch in den Vorschuljahren könnten bestimmte Zeitfenster, etwa für das Erlernen fremder Sprachen, ungenutzt bleiben. Die „Verwissenschaftlichung der Erziehung", so der Hamburger Pädagoge Peter Struck,

habe einen „neuen Förderungszwang" erzeugt. Allerdings beruhen viele Frühförderangebote auf Fehlinterpretationen der Hirnforschung: Neurobiologische Erkenntnisse lassen sich kaum auf alltagsferne Lernsituationen wie den Englischkurs im Kindergarten übertragen.

Vor allem hoch qualifizierte Frauen, die nach der Geburt aus dem Beruf aussteigen, wollen bei der Erziehung nichts dem Zufall überlassen. „Viele Mütter leiden unter Prestigeverlust", sagt die Züricher Lernforscherin Elsbeth Stern, „sie haben keine Lust, dem Kind nur beim Spielen zuzusehen. Da muss mehr drin sein, denken sie." Deshalb machten sie die optimale Förderung des Nachwuchses zu ihrem Projekt – zumal es oft bei einem Kind bleibe, auf das sich dann alle Anstrengungen konzentrierten.

Die Ambitionen durchziehen mitunter die gesamte Schullaufbahn. So geben Deutschlands Eltern rund eine Milliarde Euro jährlich für Nachhilfestunden aus. Die beiden größten professionellen Anbieter unterhalten jeweils etwa 1000 Filialen. Nahezu jeder vierte Schüler des Sekundarbereichs nimmt derzeit Nachhilfestunden – allein von 2002 bis 2006 stieg bei Kindern über zwölf Jahren der Anteil der geförderten Eleven von 18 auf 23 Prozent.

Gab es Nachhilfe früher meist nur, wenn die Versetzung gefährdet war, dient sie nun oft dazu, das Zeugnis aufzupolieren: Mehr als ein Drittel der Kinder haben Noten von „Drei" und besser.

OLSPUR

Viele Schüler sollen hoch hinaus – die Folge sind häufig Versagensängste

Bei der Nachhilfe von heute, so das Fazit einer Studie im Auftrag des Bundesbildungsministeriums, gehe es weniger um die Angst vor einem schulischen Scheitern, sondern um den „individuellen Wettbewerbsvorteil". Das gelingt häufig auch: Je nach Qualifikation des Lehrpersonals verbessern sich die Schüler im Schnitt um eine Note.

Doch an vielen Kindern gehe der enorme Erwartungsdruck nicht spurlos vorbei, so der Kinderpsychologe Wolfgang Bergmann: Hyperaktivität, Mager-

sucht und Selbstverletzungen seien immer weiter verbreitet. Schwer lasteten Versagensängste auf den Kindern, sie fürchteten Liebesentzug und würden aggressiv. Nicht selten landeten schon Grundschüler in der Praxis eines Therapeuten, so Remo Largo.

Mit Besorgnis sehen Experten auch, dass Eltern häufiger als früher dazu neigen, schlechte Noten und Ärger in der Schule als Zeichen besonderer Begabung zu sehen. In manchen Großstädten müssen Familien inzwischen drei Monate lang auf einen Termin bei Beratungsstellen warten, die Hochbegabung testen. Private Institute, die solche Prüfungen oder „Potenzialanalysen" anbieten, machen gute Geschäfte.

Doch nur 35 bis 40 Prozent der Kinder, die etwa in der Beratungsstelle BRAIN der Universität Marburg vorgestellt werden, sind tatsächlich hochbegabt. Hartnäckig hält sich in der öffentlichen Wahrnehmung das Klischee vom hochbegabten Kind, das vor lauter Unterforderung frustriert ist, mit Gleichaltrigen nicht klarkommt und durch unangepasstes Verhalten auffällt.

Die weitaus meisten Überflieger bewältigen ihren Alltag jedoch reibungslos, schreiben gute Noten und haben Freunde wie andere Kinder auch. Nur

etwa 15 Prozent der Hochbegabten gelten als *underachiever* – also als Kinder, die weit hinter ihren Möglichkeiten zurückbleiben, weil sie unterfordert sind und sich deshalb am normalen Unterricht kaum beteiligen.

Für diese Schüler, im Durchschnitt etwa drei von 1000, können spezielle Fördermaßnahmen sinnvoll sein. Doch die Wunderkinder auf Dauer von Gleichaltrigen zu separieren, gefährdet deren soziale Entwicklung. Hochbegabte brauchten, so der Psychologe Wolfgang Bergmann, letztlich nichts anderes als andere Kinder auch: engagierte Lehrer, die individuell auf jeden Schüler eingehen.

Ob hochbegabt oder nicht: Zu kurz komme oft die Frage, gibt Bergmann zu bedenken, welche Bedürfnisse Kinder in ihrer jeweiligen Entwicklungsphase wirklich haben.

Zu sehr seien viele Eltern auf zielgerichtete Aktivitäten bedacht und ignorierten, wie wichtig das aus ihrer Sicht sinnlose Spielen und Herumhängen sei. Denn gerade in diesen Phasen des scheinbaren Leerlaufs trainierten die Kinder wichtige geistige und soziale Fähigkeiten.

So berichtet die Lernforscherin Elsbeth Stern von einem Nachbarskind, das sich einige Wochen lang damit vergnügte, immer wieder all seine Blumenvasen der Größe nach zu sortieren: „Das war für sein mathematisches Denken mit Sicherheit wertvoller als jeder Frühförderkurs." ☐

BESONDERE SCHULEN

- Ihre Pädagogik
- Ihre Stärken und Schwächen
- Ihre Kosten

TEXTE: DR. JAN WEHBERG;
NINA DRAXLBAUER, SUSANNE PAULSEN, ALEXANDRA RIGOS
WISSENSCHAFTLICHE BERATUNG: PROFESSOR DR. EHRENHARD SKIERA,
INSTITUT FÜR SCHULPÄDAGOGIK, UNIVERSITÄT FLENSBURG

Inhalt

Die hier genannten Kategorien führen Schulen mit höchst individuellen Konzepten auf. Allgemeingültige Aussagen sind daher mitunter nur schwer zu treffen. Wer sich weitergehend informieren will, sollte sich die jeweilige Schule vor Ort ansehen.

ZEHN FRAGEN ZUR PRIVATSCHULE

»Die sind doch viel zu teuer!« – »Aber mein Kind wird dort besser betreut!«:
Mit dem Etikett »Privatschule« verbinden sich die unterschiedlichsten Hoffnungen und
Befürchtungen. Ein Überblick über Fakten und Mythen

1. Welche Typen von Privatschulen gibt es?

Die wichtigsten Träger der rund 3000 allgemeinbildenden und 2000 berufsbildenden Privatschulen in Deutschland sind nach wie vor kirchliche Einrichtungen. Insgesamt unterhalten katholische und evangelische Kirchen jeweils mehr als 1100 Schulen. Seit Langem etabliert sind auch Waldorfschulen, Montessori-Schulen, private Internate sowie Landerziehungsheime.

Neu ist das Phänomen gewinnorientierter Privatschulketten in Großstädten, die den gehobenen Mittelstand ansprechen. So betreibt die 2005 gegründete Berliner Phorms Management AG bereits acht Schulen – jedes Jahr sollen bis zu drei weitere Lehranstalten hinzukommen.

Rechtlich gesehen ist zwischen *Ersatzschulen* und *Ergänzungsschulen* zu unterscheiden. An den Ersatzschulen streben die Kinder die gleichen (oder gleichwertige) Abschlüsse an wie an öffentlichen Einrichtungen. Ist die Ersatzschule offiziell „staatlich anerkannt", können die Schüler dort direkt Abitur oder mittlere Reife ablegen. Bei Ersatzschulen, die lediglich „genehmigt" sind, wie etwa die meisten Waldorfschulen, müssen sie die Abschlussprüfungen extern absolvieren.

Zu den Ergänzungsschulen zählen unter anderem Internationale Schulen, aber auch viele berufsbildende Schulen. Werden gewisse Vorgaben eingehalten, erfüllt auch der Besuch einer Ergänzungsschule die gesetzliche Schulpflicht.

2. Werden Privatschulen immer beliebter?

Eindeutig ja. Von 1992 – seither existiert die gesamtdeutsche Statistik – bis 2007 stieg die Zahl der Privatschulen um 53 Prozent, jede Woche kommen ein bis zwei neue Institute hinzu. Der Anteil der Privatschüler nahm im gleichen Zeitraum von 4,8 auf 7,3 Prozent zu. Ein Großteil des Zuwachses entfällt auf die neuen Bundesländer, wo nach der Wende Nachholbedarf herrschte. Dieser Effekt allein kann die Steigerungsraten jedoch nicht erklären, zumal die Statistik das wahre Ausmaß der elterlichen Wünsche nicht widerspiegelt: Viele Privatschulen haben sehr viel mehr Bewerbungen, als sie Kinder aufnehmen können – manche Einrichtungen weisen drei von vier Anwärtern ab. Möglicherweise ist nach der Veröffentlichung der PISA-Studien das Vertrauen vieler Eltern in das öffentliche Schulsystem stark gesunken.

3. Ist das Leistungsniveau an Privatschulen höher?

Kleinere Klassen, intensivere Förderung der einzelnen Kinder und folglich eine bessere Ausbildung: All das versprechen sich Eltern von einer Privatschule. Doch die Statistik vermag diese Hoffnungen kaum zu erhärten. Zwar schnitten Privatschüler bei den PISA-Leistungsvergleichen etwas besser ab; berücksichtigt man jedoch die sozialen Effekte, also die Herkunft der Kinder aus überwiegend bildungsnahen Familien, schwindet dieser Vorsprung komplett.

Ein weiterer Indikator für die Qualität der Ausbildung – die Quote der erfolgreichen Abiturienten – liegt an privaten Schulen lediglich um 0,2 Prozentpunkte höher. Und auch die geringere Klassenstärke entpuppt sich als allenfalls marginaler Vorzug: In privaten Grund- und Förderschulen lernt im Bundesdurchschnitt nur ein Kind pro Klasse weniger; an privaten Gymnasien und Realschulen sind die Klassen ebenso groß wie an ihren öffentlichen Pendants. Einen Vorteil aber können Privatschulen ganz eindeutig vorweisen: Bei ihnen wird mehr Unterricht erteilt – unter anderem auch deshalb, weil weniger Stunden ausfallen.

4. Sind Lehrer an Privatschulen engagierter?

Eindeutige Daten liegen dazu nicht vor. Subjektiv sind jedoch viele Eltern und Schüler der Ansicht, dass Lehrkräfte an privaten Lehranstalten überdurchschnittlich viel Engagement mitbringen. So ergab eine Umfrage an katholischen Schulen, dass „die Qualität des Lehrerkollegiums" für die Eltern wichtigstes Motiv für ihre Wahl war.

Das Gehalt kann dafür kaum ausschlaggebend sein, denn Lehrer an Privatschulen verdienen durchschnittlich zehn bis 20 Prozent weniger als an staatlichen Schulen, zudem sind sie keine Beamten. Dafür bieten die Privaten in der Regel mehr Spielraum für eigene Ideen, neue pädagogische Ansätze und weniger Bürokratie. So empfinden vermutlich viele Lehrer ihre Arbeit dort als befriedigender. Außerdem können sich Privatschulen ihr Personal selbst aussuchen und mehr Quereinsteiger einstellen.

5. Wer kontrolliert Privatschulen?

Ersatzschulen müssen sich an den staatlichen Lehrplänen „orientieren", damit Abschlussprüfungen wie das Abitur „vergleichbar und gleichwertig" mit denen an öffentlichen Einrichtungen sind.

„Orientieren" heißt: Die Schule darf beispielsweise nicht auf Deutsch und Mathematik verzichten, aber *wie* diese Fächer gelehrt werden, ist weitgehend der Schule überlassen. Die Schulbehörden wachen über die Einhaltung der Bedingungen und auch über die Qualifikation des Lehrpersonals; die Anforderungen an die Lehrkräfte und die Intensität der Kontrollen fallen dabei je nach Bundesland unterschiedlich aus. Darüber hinaus lassen sich die meisten Privatschulen regelmäßig intern durch

Befragungen von Schülern, Eltern und Lehrern oder durch externe Fachleute evaluieren. Im Gegensatz zu Ersatzschulen unterliegen Ergänzungsschulen, von Ausnahmen abgesehen, nicht der staatlichen Schulaufsicht.

6. Wie finanzieren sich Privatschulen?

Ersatzschulen haben Anspruch auf einen Zuschuss, der je nach Länderregelung zwei Drittel oder mehr jener Kosten deckt, die für ein Kind auf einer staatlichen Schule anfallen. Über die Berechnung dieser Bezugsgröße streiten Experten jedoch; Kritiker monieren, dass indirekte Kosten, etwa für Lehrerpensionen, nicht in die Kalkulation eingehen. Daher seien Privatschulen chronisch unterfinanziert.

Um kostendeckend zu arbeiten, verlangen fast alle Betreiber Elternbeiträge. Eine Ausnahme ist Nordrhein-Westfalen, das Privatschulen finanziell vergleichsweise großzügig unterstützt, ihnen im Gegenzug aber untersagt, Gebühren zu erheben. Konfessionelle Schulen sind in der Regel recht günstig, da sie von den Kirchen Mittel erhalten.

Vielerorts erweitern Fördervereine den finanziellen Spielraum der Schulen, indem sie Geld für besondere Projekte, etwa die Renovierung der Turnhalle, bereitstellen.

In den meisten Bundesländern müssen Ersatzschulen gemeinnützig sein, dürfen also keine Gewinne machen. Neue Betreiber wie die Phorms AG wollen aber ausdrücklich Profite erwirtschaften. Die sollen nicht aus dem Schulbetrieb kommen, sondern aus Dienstleistungen von Tochterunternehmen, die Gebäude-Management oder Lehrerfortbildung anbieten.

Ergänzungsschulen erhalten kein Geld aus der öffentlichen Hand und finanzieren sich komplett selbst.

7. Was kostet der Besuch einer Privatschule?

Die Höhe der Gebühren an *Ersatzschulen* schwankt je nach Schultyp zwischen 60 und mehreren Hundert Euro im Monat und ist zudem häufig nach der Höhe des Elterneinkommens gestaffelt. Im Durchschnitt kostet der Schulbesuch pro Kind und Monat etwa 150 Euro. In der Regel bieten Ersatzschulen Stipendien oder andere Formen der Unterstützung an, um auch Kindern aus wirtschaftlich schwächeren Familien eine Chance zu geben. Denn sie dürfen laut Artikel 7 des Grundgesetzes nicht „eine Sonderung der Schüler nach Besitzverhältnissen der Eltern" fördern.

Ergänzungsschulen hingegen können sehr viel teurer sein. An exklusiven Internaten oder Internationalen Schulen belaufen sich die Kosten leicht auf 1000 Euro im Monat und mehr.

8. Wer schickt seine Kinder auf Privatschulen?

Wohlhabende Familien sind die übliche Klientel von Internaten und Internationalen Schulen. An den übrigen Privatschulen dominiert die Nachfrage von Eltern aus der Mittelschicht. Obwohl katholische und evangelische Einrichtungen (wie auch manche Waldorfschulen) ärmeren Familien das Schulgeld teilweise, in Härtefällen auch ganz erlassen, schrecken die Gebühren viele Angehörige schwächerer sozialer Schichten ab. Vor allem Migrantenkinder sind an Privatschulen unterdurchschnittlich vertreten – auch wenn türkische Elterninitiativen in Großstädten zunehmend eigene private Lehranstalten gründen.

9. Haben Privatschulen Folgen für das öffentliche Schulwesen?

In dieser Frage gehen die Meinungen auseinander. Optimisten hoffen, dass Privatschulen einen heilsamen Wettbewerb entfachen. Er soll die öffentliche Konkurrenz zwingen, sich mehr anzustrengen. So würde das Niveau des gesamten Schulwesens steigen.

Kritiker verweisen darauf, dass Privatschulen, die sich ihre Schüler ja aussuchen dürfen, den Öffentlichen gerade die Leistungsträger entziehen. Zurück in den Staatsschulen blieben überproportional viele Schüler aus sozial schwachen Milieus. Zugleich steige der Druck auf verantwortungsbewusste Eltern, ihr Kind nicht in eine öffentliche Schule zu schicken.

Negative Auswirkungen auf das staatliche Schulsystem zeigen sich heute bereits in einigen dünn besiedelten Regionen Ostdeutschlands: Da sie nicht an Auflagen wie Mindestklassengröße und -zahl gebunden sind, haben Privatschulen eine Reihe öffentlicher Lehranstalten beerbt, die wegen zu geringer Schülerzahlen schließen mussten. Das ist für die Kinder am Ort zwar ein Gewinn, doch fehlen sie nun in den nächstgelegenen öffentlichen Einrichtungen.

Immer mehr öffentliche Schulen sind dadurch in ihrem Bestand gefährdet. Die Folge könnte sein, dass Eltern auf dem Land künftig keine Alternative zur Privatschule mehr haben – auch wenn ihnen die zu teuer ist oder aus weltanschaulichen Gründen nicht behagt.

10. Wie kann ich eine Privatschule gründen?

Das Grundgesetz garantiert jedem Bundesbürger das Recht, eine Schule zu gründen. Im Falle einer *Ersatzschule* müssen die Initiatoren eine Genehmigung der zuständigen Schulbehörde einholen.

Wenn die Neugründung in ihren Lehrinhalten, ihrer Ausstattung und in der Qualifikation der Lehrer den öffentlichen Schulen ebenbürtig ist, muss die Genehmigung erteilt werden.

Eine *Grundschule* dürfen private Träger allerdings nur dann einrichten, wenn sie konfessionell ausgerichtet ist oder – wie etwa Montessori-Schulen – ein besonderes pädagogisches Konzept verfolgt. Die Gründung einer *Ergänzungsschule* hingegen bedarf keiner staatlichen Genehmigung, sie ist der jeweiligen Schulbehörde nur zu melden.

Jenseits der bürokratischen Auflagen, der Suche nach einem Gebäude und nach qualifizierten Lehrern müssen sich Privatschulgründer vor allem um die Anschubfinanzierung kümmern: Zwar haben Ersatzschulen Anspruch auf staatliche Zuschüsse, doch zahlen die meisten Bundesländer diese Mittel erst nach einer dreijährigen Bewährungsphase aus.

MONTESSORI-SCHULEN

Vor allem Grundschulen sind es, die nach den Methoden der Reformpädagogin und Ärztin Maria Montessori arbeiten. Sie bieten Kindern viel Freiraum für ein individuelles Lerntempo und nutzen besondere Unterrichtsmaterialien

KONZEPT

In Jena eröffnete 1924 die erste deutsche Schule, die auf den Ideen der italienischen Reformpädagogin Maria Montessori basierte. Deren Ansichten waren für die damalige Zeit revolutionär: Ein Kind müsse als vollwertiger Mensch gesehen, seine Persönlichkeit geachtet werden; Schüler sollten sich dem eigenen Lerntempo folgend selbstständig mit Unterrichtsmaterialien beschäftigen.

Je nach Alter und Neigungen, so das Credo der Pädagogin, durchlaufen Kinder „sensible Phasen", in denen sie für die Ausbildung von Fähigkeiten wie Lesen oder Schreiben besonders empfänglich sind.

Der oberste Grundsatz Maria Montessoris lautet: „Hilf mir, es selbst zu tun." Lehrer sollen den Entwicklungsprozess eines Schülers nur begleiten, indem sie den Gebrauch des Unterrichtsmaterials erklären und als Ansprechpartner zur Verfügung stehen. Für die Eleven besteht während der Unterrichtszeit kein Zwang zur dauerhaften Mitarbeit; Ruhephasen sind ausdrücklich erlaubt. Der Pädagoge soll erst dann einschreiten, wenn die Schüler nicht zurechtkommen, nicht motiviert sind oder stören. Er ist vor allem ein „Bewahrer der Ordnung".

Eine wichtige Rolle spielt in dem Konzept die „vorbereitete Umgebung". Dahinter verbirgt sich die Vorstellung, dass das natürliche Lerninteresse der Kinder eine Entsprechung in der Präsentation der Unterrichtsmaterialien finden muss. Die hat Maria Montessori zum großen Teil selbst entworfen. Sie orientieren sich am Entwicklungsstand der Kinder und sollen im Klassenraum für alle erreichbar in Augenhöhe bereitgestellt werden.

Der Schwerpunkt der Montessori-Pädagogik liegt heute im Vorschul- und Primarbereich. Aber auch im Sekundarbereich etablieren sich Schulen mit Anlehnung an die Ideen der Reformpädagogin.

UNTERRICHTSFORMEN

Im Zentrum des Unterrichts steht die „Freiarbeit": In dieser Zeit können die Schüler weitgehend selbst entscheiden, mit welchen Themen sie sich beschäftigen.

Dazu bieten die Schulen eine Vielzahl von Unterrichtsmaterialien an – beispielsweise Perlenstäbchen mit Kugeln, aus denen die Kinder Würfel bilden können, um so ein Gefühl für Mengen und Dimensionen zu bekommen. Oder Karten mit angerauten Lettern, um Buchstaben nicht nur sicht-, sondern auch fühlbar zu machen.

Die Materialien sind drei Lernbereichen zugeordnet: Sprachen, Mathematik und „kosmische Erziehung" (eine Kombination naturwissenschaftlicher und musischer Fächer sowie Geschichte). Die Kinder holen sich die Lernhilfen aus Regalen und gehen damit an einen Tisch oder auf einen Arbeitsteppich. Jede Lernhilfe ist nur einmal vorhanden, sodass die Schüler sich absprе-

Die Perlenschnüre sollen helfen, ein Gefühl für Mengen und Dimensionen zu bekommen

chen und soziales Verhalten einüben müssen; sie dürfen sich aber auch einen Lernpartner suchen.

Die Lehrer helfen im Bedarfsfall bei der Auswahl der Materialien; sie achten auch darauf, dass sich die Kinder nicht zu einseitig beschäftigen. Jedes Material darf nur „sinngebend" gebraucht werden – die Perlenketten etwa fürs Rechnen, nicht aber, um

daraus Halsketten zu machen. Montessori-Materialien sind Lern- und keine Spielmittel.

Sobald die Kinder schreiben können, führen sie an manchen Schulen ein Heft über alles, was sie jeden Tag machen. Daneben haben sie ein „Pensenheft", in dem der Lehrer den Lernfortschritt abzeichnet.

Neben der Freiarbeit findet auch „gebundener Fachunterricht" etwa in Mathematik oder Englisch statt, bei dem aber inhaltlich differenziert wird; während sich einige Kinder mit der Addition beschäftigen, sind andere schon bei der Subtraktion.

Weiterführenden Unterricht gibt es in Form von „Lehrerlektionen", in denen kleinen Schülergruppen maximal 15 bis 20 Minuten lang der Stoff vermittelt wird. Schulbücher gibt es in der Grundschule oft erst ab der 3. Klasse. Englisch lernen die Kinder an vielen Schulen dagegen schon ab der 1. Klasse.

Die Klassen umfassen mehrere Jahrgänge und werden meist von zwei Lehrern betreut. In den Sekundarstufen nimmt der Anteil der Freiarbeit zugunsten langfristiger, teilweise fächerübergreifender Projektarbeit ab. Die Schüler dürfen in der Regel selbst entscheiden, wo sie lernen, ob in der Schule, der Universitätsbibliothek oder auch im Museum.

LEHRPLAN, LEISTUNGS-BEWERTUNG, ABSCHLÜSSE

Die Montessori-Pädagogik ist ein eher methodischer als inhaltlicher Ansatz. Daher orientieren sich die Schulen auch stärker an den staatlichen Lehrplänen als etwa Waldorfschulen – nur dass die naturwissenschaftlichen Fächer in unteren Klassen als „kosmische Erziehung" auf dem Stundenplan stehen und nicht als Biologie, Physik, Chemie oder Geschichte wie in Montessori-Oberstufen. Zum Curriculum gehört auch

Die Freiarbeit steht im Zentrum des Unterrichts, die Lehrer erklären nur den Gebrauch des Materials

der Auswahl einer bestimmten Lehranstalt daher sehr genau mit deren spezifischem Konzept beschäftigen.

In Deutschland wird heute an etwa 400 Schulen nach der Montessori-Pädagogik unterrichtet. Drei Viertel davon sind Grund- beziehungsweise Primarschulen. Nur wenige der Sekundarschulen führen auch zum Abitur. Staatliche Schulen bieten manchmal Montessori-Zweige an (siehe auch Seite 92), während sich die reinen Montessori-Schulen überwiegend in privater Trägerschaft befinden, zum Teil auch in der von evangelischen und katholischen Kirchen.

das Erlernen handwerklicher Fertigkeiten. Die Schüler bekommen an vielen Schulen bis zur 6. oder 8. Klasse ausführliche Berichtszeugnisse, zum Teil mit Noten. Nicht immer schreiben alle Kinder Arbeiten zur gleichen Zeit, sondern je nach Entwicklungsstand. Rückmeldungen über den Lernerfolg erhalten die Eleven unter anderem durch persönliche Gespräche mit den Lehrern; die Schüler können solche Gespräche selbst einfordern. Bei Elternsprechtagen sind die Kinder ebenfalls meist dabei.

Die weiterführenden Schulen ermöglichen in der Regel die üblichen Qualifikationen: Haupt- und Realschulabschluss, mitunter auch das Abitur. Die staatlichen Prüfungen müssen die Jugendlichen in manchen Bundesländern jedoch extern ablegen.

STÄRKEN UND SCHWÄCHEN

Montessori-Schulen bieten ihren Schülern viel Freiraum für eigenverantwortliches Lernen. Das individuelle Lerntempo der Kinder wird respektiert.

Von Eltern wird mitunter kritisiert, dass an Montessori-Schulen viele Eleven anzutreffen seien, die anderswo gescheitert sind. Auch seien Montessori-Absolventen gegenüber Kindern mit Abschlüssen von Regelschulen bei der Berufs- oder Studienplatzwahl benachteiligt, weil ihr Leistungsvermögen und Wissen von Arbeitgebern manchmal in Zweifel gezogen wür-

den. Schulleitungen räumen mitunter ein, dass Eltern von verhaltensauffälligen Kindern überdurchschnittlich häufig eine Montessori-Schule in Erwägung ziehen. Jedoch sei die Montessori-Pädagogik für alle Schüler gleichermaßen geeignet – und durch eine Auswahl der Neuzugänge könne man die Zusammensetzung der Klassen gut steuern.

Montessori-Schulen verstehen sich in der Regel nicht als Förderschulen. Bei Lernschwächen und Lernstörungen müssen sich die Eltern um weitere Unterstützung kümmern. Außerdem verpflichten sie sich oftmals zu einigen Stunden Elternarbeit pro Schuljahr, etwa beim Renovieren der Schulgebäude, beim Herstellen von Unterrichtsmaterialien sowie in Schüler-Arbeitsgemeinschaften. Die Eltern sind auch gefordert, ihr Kind nach Schulschluss im Sinne der Montessori-Pädagogik zu unterstützen und es zum selbstständigen Arbeiten anzuleiten, etwa bei der Hausarbeit.

Manche Erziehungswissenschaftler, so etwa Dieter Lenzen, der Präsident der Freien Universität Berlin, halten die Lehrmethoden und Unterrichtsmaterialien der Montessori-Pädagogik inzwischen für veraltet.

ANGEBOT

Da der Begriff „Montessori-Schule" nicht geschützt ist, gibt es dafür keinen definierten Standard. Eltern sollten sich bei

KOSTEN

Die Höhe des Schulgeldes beträgt an den privaten Montessori-Einrichtungen meist zwischen 100 und 300 Euro im Monat, es kann aber auch höher ausfallen. Manche Schulen verlangen zudem Aufnahmegebühren, zinslose Darlehen oder jährliche Schulstartgelder.

Andererseits vergeben Lehranstalten Stipendien für bedürftige Familien und an besonders begabte Kinder. Einige konfessionelle Montessori-Schulen sind kostenlos, andere verlangen eine meist geringe Aufnahmegebühr. Geschwisterkinder zahlen teilweise stark reduzierte Beiträge.

WEITERE INFORMATIONEN

Ehrenhard Skiera: **Reformpädagogik in Geschichte und Gegenwart**. Oldenbourg Wissenschaftsverlag 2003, 514 Seiten
(Übersichtliche und kritische Zusammenfassung reformpädagogischer Konzepte)

P. Oswald/G. Schulz-Benesch (Hrsg.): **Grundgedanken der Montessori-Pädagogik**. Herder 2008, 288 Seiten
(Ausführliche Darstellung von Theorie und Praxis der Pädagogik mit Originaltexten von Maria Montessori)

www.montessori.de
Allgemeine Informationen des Montessori-nahen Instituts für angewandte Pädagogik IFAP. Eine Schulsuche nach Postleitzahlen ist möglich.

www.montessori-deutschland.de
Beim Montessori-Dachverband finden sich Hinweise zur Pädagogik und zu den Landesverbänden.

Viele Ansätze der Reformpädagogik sind heute allgemein akzeptiert: individualisierte Lernformen, jahrgangsübergreifende Schülergruppen, Übernahme von Verantwortung durch die Kinder. In Deutschland haben sich in diesem Bereich inzwischen etliche unterschiedliche Schulkonzepte etabliert

KONZEPT

Bereits am Ende des 19. und zu Beginn des 20. Jahrhunderts kam es in einigen europäischen Ländern und in den USA zu reformpädagogisch inspirierten Schulgründungen. Zu den bekanntesten deutschen gehören die Odenwaldschule in Heppenheim (1910), die Neue Schule Hellerau bei Dresden (1920) und die Landerziehungsheime (dazu mehr im Kapitel „Internate").

Reformpädagogen wie Hermann Lietz, Peter Petersen und Célestin Freinet, vielfach beeinflusst von kulturkritischen und lebensreformatorischen Strömungen ihrer Zeit, zielten angesichts einer sich industrialisierenden Welt ab auf eine Neuorientierung von Schule, Unterricht und Erziehung. Im Mittelpunkt sollten die Bedürfnisse, Interessen und Fähigkeiten des Kindes stehen – als Gegenentwurf zu den autoritären Paukschulen sowie der reinen Wissensvermittlung.

Zu einer zweiten Gründungswelle kam es in den 1960er und 1970er Jahren: als Folge der Studentenbewegung und der damit verbundenen sozialen Umbrüche.

Die damals entstandenen freien Alternativschulen beriefen sich in ihren antiautoritären Grundsätzen sowohl auf die Friedens- und Frauenbewegung als auch auf manche „klassischen" reformpädagogischen Ansätze. Zu den heutigen reformpädagogischen Schulen gehören – neben den in eigenen Kapiteln behandelten Waldorfschulen und Montessori-Schulen – die Daltonplan-Schulen, die Jenaplan-Schulen, die Freinet-Schulen sowie die demokratischen oder freien Alternativschulen.

Trotz aller Unterschiede in den pädagogischen Ansätzen gibt es Gemeinsamkeiten: Dazu gehört vor allem die Mitbestimmung bei der Auswahl der Lehrinhalte durch die Schüler. Die Jugendlichen können sich zu bestimmten Zeiten oder auch über das gesamte Schuljahr hinweg eigene Themen

suchen – manchmal ganz frei, oft aus einem Themenfundus. Zudem dürfen sie entscheiden, wie sie sich einem Thema nähern und sich ihre Lernzeiten einteilen. Bei einigen Schulen ist sogar die Teilnahme am Unterricht zum Teil freiwillig, wobei es allerdings Kernzeiten gibt, die meist verbindlich sind.

Mitunter wird auch die Wahl des Arbeitsplatzes freigestellt, die Schüler dürfen also auch in der Universitätsbibliothek lernen, im Museum oder daheim, wenn es dem Lehrer thematisch sinnvoll erscheint.

In den Schulen selbst gibt es häufig jahrgangsübergreifende Lerngruppen. Die Einrichtung von Klassenräten und Kindersprechtagen soll die Eigenverantwortlichkeit der Schüler stärken.

Auch einige staatliche „Versuchsschulen" erproben neue pädagogische Konzepte und

Eine gemeinsame Einstimmung in den Unterricht – Morgenkreis an der Peter-Petersen-Schule Köln

können zu den Reformschulen gezählt werden. Bewähren sich deren Ansätze, finden sie mitunter den Weg in die Regelschulen – so etwa der offene, projektbezogene Unterricht, der Morgenkreis oder der Englischunterricht in der Grundschule.

In Deutschland gibt es ungefähr ein Dutzend Versuchsschulen reformpädagogischer Prägung. Dazu gehören die Glockseeschule Hannover, die Helene-Lange-Schule Wiesbaden, die Lobdeburgschule Jena, die Reformschule Kassel, die Offene Schule Waldau in Kassel und die Laborschule Bielefeld.

Daltonplan-Schule

Das Konzept geht zurück auf die Lehrerin Helen Parkhurst, die zu Beginn des 20. Jahrhunderts Schüler von vier bis 14 Jahren in einem Klassenraum unterrichtete. Charakteristisch für die Daltonplan-Pädagogik – nach dem US-Städtchen Dalton benannt, wo Parkhurst ihr Konzept in einer Public High School einführte – ist die fächerübergreifende Projektarbeit. Dabei arbeiten die Schüler weitgehend eigenverantwortlich, allein oder in Gruppen.

Diese Form des individualisierten Lernens ähnelt der Freiarbeit der Montessori-Pädagogik. Allerdings arbeiten die Schüler an Daltonplan-Schulen oft über Wochen oder Monate an einem Projekt und wechseln nicht so schnell zwischen den Lehrinhalten wie die Kinder an Montessori-Schulen. Nach Einschätzung der deutschen Dalton-Vereinigung eignet sich diese Pädagogik vor allem für die Zeit nach der Grundschule.

Aufgabe des Lehrers ist es, dem Kind bei seiner Entwicklung zu helfen, nicht unbedingt bei seiner konkreten Aufgabenerfüllung. Die selbstständige Erarbeitung der genau definierten „Lehrpensen" gilt in der Dalton-Schule als „Schülerrecht und Schülerpflicht". Daneben gibt es normalen Fachunterricht.

Einige Daltonplan-Schulen kombinieren ihr Konzept mit Elementen aus der Montessori- und Freinet-Pädagogik.

Jenaplan-Schule

Diese Form der Lehrvermittlung begründete der Reformpädagoge Peter Petersen in den Jahren 1923/24 an der Universität Jena. Sie zeichnet sich aus durch jahrgangsübergreifende Lerngruppen, aufgelockerte Stunden-, Tages- und Wochenpläne mit einem Wechsel von Arbeit und Entspannung sowie durch unterschiedliche Lernformen wie Arbeitsgruppen oder Kreisgespräche.

Das »Baumhaus« der Odenwaldschule Heppenheim, einer der ältesten Reformschulen Deutschlands

Petersen strebte eine Gemeinschaft an, in der es keine Rolle spielen sollte, wie unterschiedlich die Menschen sind. Dies drückt sich nicht nur in den altersgemischten „Stammgruppen" aus, die die Jahresklassen ersetzen, sondern auch in der Integration Behinderter. Aufgrund der Betonung der Gemeinschaft und seines pädagogischen Wirkens in der Nazizeit geriet Petersen in den Ruf, völkischen Ideen nahezustehen – ein Vorwurf, der bis heute kontrovers diskutiert wird.

Wochenarbeitspläne sollten bei Petersen den „Fetzenstundenplan" ersetzen: Die übliche Segmentierung in Fächer sowie die Portionierung in Stunden könne nicht zu einem Verständnis von Inhalten beitragen. Ein Wochenarbeitsplan orientiert sich an den vier „Grundformen menschlicher Bildung: Gespräch/Unterhaltung, Spiel, Arbeit und Feier". Zu Letzterem zählen etwa Singen, Lesen und Musik.

Das Klassenzimmer sah Petersen nicht als „Belehrungszelle", sondern als „Schulwohnstube": ohne frontal ausgerichtete Bankreihen, sondern mit leichten Möbeln, die schnell umgestellt werden können.

Ein wichtiges Kennzeichen der Jenaplan-Pädagogik ist die Transparenz der Bewertungskriterien: Lehrer und Schüler klären vor der Bearbeitung einer Aufgabe, worauf es ankommt. Das soll den Schülern ein Gefühl der Sicherheit und des Vertrauens in ihre Arbeit geben und ihnen die Ängste vor einer willkürlichen Beurteilung durch den Lehrer nehmen.

Freinet-Schule

Die reformpädagogischen Ideen des Franzosen Célestin Freinet und seiner Ehefrau Elise gehen auf sozialistische Ideale zurück. Freinet-Klassen sind daher als selbstverwaltete Kooperativen organisiert. Schüler und Lehrer haben in den Klassenräten jeweils eine Stimme und legen gemeinsam die Lerninhalte fest. Der ehemals sozialistische Ansatz spielt heute keine große Rolle mehr.

Vier Grundsätze sind prägend für das Konzept: die freie Entfaltung der Persönlichkeit, eine kritische Auseinandersetzung mit der Gesellschaft, die Eigenverantwortlichkeit des Kindes sowie Kooperation und gegenseitige Verantwortlichkeit zwischen Schülern und Lehrern.

Schulbücher lehnt die Freinet-Pädagogik strikt ab, dadurch würden die Kinder entmündigt. Die Eleven sollen vielmehr durch Experimente und Exkursionen lernen, sie besuchen die Eltern an deren Arbeitsplatz und absolvieren Praktika.

Beispielsweise sah Freinet in der körperlichen Arbeit auf einem Bauernhof ein hohes pädagogisches Potenzial. Zudem wird der Nachwuchs zum Schreiben ermuntert. Eine wichtige Rolle spielt dabei die Schuldruckerei, in der Texte gedruckt und gebunden werden, um sie untereinander und mit anderen Lehranstalten in sogenannten Schreibnetzwerken auszutauschen.

Ihre schulischen Leistungen beurteilen die Kinder weitgehend selbst; so müssen sie in Fragebögen Einschätzungen über ihre Arbeit abgeben.

Freie Alternativschule/ Demokratische Schule

Diese Schultypen basieren meist auf Initiativen von Eltern und Lehrern, die nicht auf gängige Konzepte reformpädagogischer Lehranstalten zurückgreifen wollen. Viele Einrichtungen folgen antiautoritären Idealen. Die Sudbury-Schulen, an die sich auch die Neue Schule Hamburg anlehnt, zählen zu den bekanntesten Vertretern dieser Richtung.

Einige Übereinstimmungen gibt es zwischen diesen Schultypen: Der Unterricht findet in altersgemischten Lerngruppen statt, die Schüler müssen Klassen nicht wiederholen, und es gibt keine Noten. Kognitive, soziale, emotionale, handwerkliche und musisch-künstlerische Fähigkeiten haben alle den gleichen Stellenwert.

Meist sind die Schulen klein, und sie integrieren häufig Kinder mit Lern- und Verhaltensauffälligkeiten. Anders als an Montessori- und Waldorfschulen ist das Selbst- und Mitbestimmungsrecht der Heranwachsenden sehr groß. Sogar über die Einstellung von Lehrern und über finanzielle Belange der Schule stimmen die Eleven oft gemeinsam mit den Lehrern ab.

Es gibt an einigen Schulen auch feste Regeln, die etwa Aufräumdienste für Klassenräume betreffen oder die Nutzung elektronischer Spielzeuge. Die Teilnahme am Unterricht ist meist freiwillig, feste Kernzeiten sind jedoch vorgeschrieben, um die Schulpflicht zu erfüllen.

 UNTERRICHTSFORMEN

Daltonplan-Schule

Der Tag beginnt an vielen Schulen mit einem Planungstreffen am Morgen für die darauf folgende Projektzeit, die „Daltonphase". Zwischendurch können die Lehrer

Versammlungen aller Schüler zur Einführung in neue Themengebiete einberufen.

Die Freiarbeit endet mit Fachkonferenzen der verschiedenen Lerngruppen. Dann folgt gewöhnlicher Klassenunterricht. Der Schwerpunkt liegt gleichermaßen auf intellektuellen, musischen, sportlichen und handwerklich-praktischen Gebieten, oft fächerübergreifend, wenn etwa Schüler im Geschichtsunterricht ein jungsteinzeitliches Langhaus bauen.

Die Lernschritte sind in mehrwöchige „Pensen" eingeteilt. Wenn ein Kind ein Pensum erhält, kann es entscheiden, wie es beginnt, ob es allein oder mit Partner arbeitet und wo es arbeiten möchte. Um den Überblick nicht zu verlieren, erhalten die Schüler einen Jahresplan mit dem Lernstoff.

Für die Schüler des Daltonplan-Gymnasiums Neuhaus (Thüringen) etwa ist ein umfangreiches Pensum über den „Fall of the Wall" vorgesehen. Es wird nicht nur im Englischunterricht behandelt, sondern auch in Deutsch, Ethik und Sozialkunde.

Für dieses Projekt haben sie zwölf Wochen, andere Vorgaben gibt es nicht. Das Konzept müssen die Schüler weitgehend selbst erarbeiten, sie können Wissenschaftler einladen oder eine Klassenfahrt an die ehemalige Grenze organisieren.

Jenaplan-Schule

Ein einheitliches Unterrichtskonzept gibt es nicht. Viele Schulen haben Montagmorgenkreise und lassen die Woche mit einer Freitagsfeier enden.

Das Lernen orientiert sich meist am „Wochenplan". Dabei arbeiten die Kinder in altersgemischten Gruppen: Schüler des ersten bis dritten Schuljahres beschäftigen sich in der „Untergruppe" etwa mit dem Thema Magnetismus und was er mit den Himmelsrichtungen zu tun hat. In der „Mittelgruppe" arbeiten die Jahrgänge 4, 5 und 6 gemeinsam. In der „Obergruppe" sind die Jahrgänge 7, 8 und 9 versammelt.

Die 10. Klasse lernt für sich, um sich auf den Realschulabschluss vorzubereiten. In den Jahrgängen elf bis 13 findet der Unterricht dann wieder gemischt statt. Ein wiederkehrendes Element ist die öffentliche Präsentation der Ergebnisse der Lern-

gruppen. Dadurch sollen die Schüler Gelegenheit erhalten, sich zu exponieren und frei reden zu lernen.

Freinet-Schule

Der Tag beginnt häufig mit einer halbstündigen Freiarbeitsphase. Von einer längeren Pause unterbrochen, können die Kinder im Anschluss in Frei- und Projektarbeit lernen oder auch in lehrergeleitetem Unterricht. Nach dem Mittagessen stehen den Kindern sogenannte Ateliers zur Verfügung. Das sind Arbeitsecken in den Klassenzimmern oder auch separate Räume. Dort können die Lerngruppen Projektthemen bearbeiten.

Es folgt die Phase der Wochenplanarbeit, bei der die Schüler individuell an gemeinsam mit dem Lehrer festgelegten Aufgaben arbeiten. Das gewährleistet eine gewisse Ausgewogenheit der Unterrichtsinhalte, da die Kinder sich auch um Fächer kümmern müssen, die sie sonst vernachlässigen würden. Ihren Wochenplan führen sie selbstständig, notieren ihre Aufgaben und haken

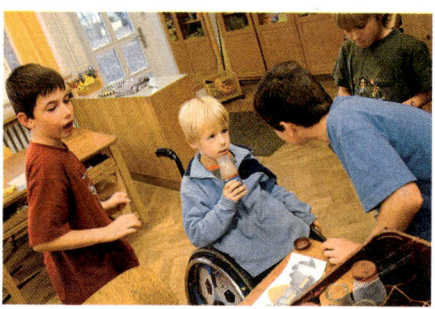

Jenaplan-Schulen legen viel Wert auf die Integration von Kindern mit Behinderungen

sie ab, wenn sie sie erledigt haben. Der Schultag endet meist mit einer weiteren Phase Freiarbeit.

In der brandenburgischen Freinet-Schule Kinderschule-Oberhavel in Oranienburg verzichten die Lehrer neben den Büchern auch auf anderes vorgefertigtes Material. Die Themen orientieren sich vor allem an den lebensweltlichen Erfahrungen der Heranwachsenden. In Mathematik bauen sie zum Beispiel eine Pyramide aus Bierdeckeln, wie sie es vielleicht beim Restaurantbesuch gesehen haben. Oder sie rechnen aus, wie lang die Pisten in jenem Skigebiet sind, in dem ein Schüler im Urlaub war. Die

Kinder erarbeiten sich die Lösungen weitgehend selbst und präsentieren sie später.

Freie Alternativschule/ Demokratische Schule

Der Unterricht an Freien Alternativschulen ist ähnlich patchworkartig wie das pädagogische Konzept. Eine typische Vertreterin ist die Freie Schule Pankow in Berlin. Sie entstand 1996 als Lehrer- und Elterninitiative – nicht zuletzt aus dem Wunsch heraus, die Kinder nicht von Lehrern der ehemaligen DDR unterrichten zu lassen, die das staatliche System mitgetragen haben.

Unterrichtsbeginn ist zwischen 8.30 und 9.00 Uhr. Die Kinder melden sich beim Lehrer, der für die Anwesenheit verantwortlich ist. Es folgt meist eine Phase der Freiarbeit zu selbst gewählten Themen, etwa im Fach „Welterkundung", in dem Geschichte, Sozial- und Erdkunde zusammengefasst sind.

Die Schüler erarbeiten themenbezogene Plakate und präsentieren ihre Arbeiten später. Die Lehrer bieten auch Kurse zu bestimmten Themengebieten an, die zum Teil auch in Frontalunterricht stattfinden. Auch in der Sekundarstufe gibt es ein verpflichtendes Kurssystem.

An Sudbury-Schulen bekommen die Eleven sehr wenige Vorgaben, was die Tagesgestaltung angeht. Der Lehrer wartet auf den Impuls des Schülers, um ihm dann beim freien Lernen zur Seite zu stehen. In den Unterrichtsräumen finden die Kinder Lehrmittel, Bücher, Spielzeug und Computer vor und dürfen selbst entscheiden, womit und wie sie sich beschäftigen.

◼ LEHRPLAN, LEISTUNGS-BEWERTUNG, ABSCHLÜSSE

Viele freie und reformpädagogische Schulen nutzen die Freiheiten bei der Umsetzung der gesetzlichen Lehrinhalte, da es ihrer Ansicht nach verschiedene Wege zu einer erfolgreichen Schullaufbahn geben sollte. Insofern können sich die Inhalte der Fächer durchaus vom gängigen Lehrplan unterscheiden. Weichen sie zu stark ab, kann

2007 eröffnete die nach dem Sudbury-Konzept arbeitende Neue Schule Hamburg

es jedoch Probleme mit der staatlichen Zulassung geben, so etwa bei Sudbury-Schulen.

Eine Leistungsbewertung erfolgt in unteren Klassen nur in den seltensten Fällen durch Schulnoten, sondern durch individuelle Berichtszeugnisse. Kinder können aber durchaus Zensuren bekommen, wenn sie es denn wünschen.

Kandidaten für einen Hauptschulabschluss erhalten am Ende der 9. Klasse erstmals Noten. In den höheren Jahrgängen sind meist ohnehin Zensuren vorgeschrieben, da sie für den Realschulabschluss und das Abitur erforderlich sind. Wer wissen will, wie hoch die Abiturientenquote an den Reformschulen ist, muss das jeweils vor Ort erfragen – bundesweite Daten gibt es nicht.

An den Sudbury-Schulen existieren generell keine Leistungskontrollen, da die den Lehrer angeblich über die Kinder erheben würden. Daher kann die einzige bisher an Sudbury angelehnte Schule, die genehmigt worden ist, keine anerkannten Abschlüsse anbieten (daneben gibt es ein halbes Dutzend Gründungsinitiativen, siehe: www.sudbury.de).

STÄRKEN UND SCHWÄCHEN

Zu den Stärken der freien und reformpädagogischen Schulen gehört der Vorsatz, Kinder zu selbstbewussten und selbstständigen Menschen zu erziehen. Dazu zählt auch, sich unbekannte Themen weitgehend selbstständig zu erschließen und Eigenverantwortung zu übernehmen. Viele Eleven

schwärmen von der Atmosphäre dieser Einrichtungen. Von Schule zu Schule kann es aber große Unterschiede geben.

Ähnliches gilt für den Lernerfolg. Viele Absolventen tun sich schwer, wenn sie nach der Schule in das herkömmliche Bildungssystem wechseln oder ein Studium beginnen. Andererseits belegen etwa die Daltonplan-Schulen in den Niederlanden in Evaluierungen, dass sie mit anderen Schulen gut mithalten können.

Eine Schwäche des Unterrichts ist es, dass kaum ein einheitlicher Bildungsstandard gewährleistet werden kann. Ob ein Kind am Ende der 5. oder 6. Klasse, wie es die Lehrpläne vorsehen, tatsächlich alle deutschen Bundesländer mit den jeweiligen Hauptstädten kennt, ist fraglich.

In Einzelfällen ist es sogar vorgekommen, dass freie Alternativschulen ihre Arbeit ohne behördliche Genehmigung aufgenommen hatten, so zum Beispiel über mehrere Jahre in Bremen.

ANGEBOT

Der Bundesverband der Freien Alternativschulen verzeichnet 86 Mitgliedsschulen (siehe auch www.freie-alternativschulen.de). Davon aber sind die meisten in privater, einige auch in kommunaler Trägerschaft.

Eine Übersicht über die etwa 50 deutschen Jenaplan-Schulen findet sich unter www.jenaplan.de, internationale Kontakte unter www.jenaplan.eu.

Freinet-Schulen sind überwiegend im romanischsprachigen Raum verbreitet, in Deutschland sind es knapp 20 Standorte (siehe auch www.freinet.paed.com).

Daltonplan-Schulen sind in den Niederlanden sehr beliebt, in Deutschland gibt es nur wenige, meist weiterführende Schulen. Daneben bieten einige staatliche Schulen Dalton-Zweige an oder integrieren Elemente der Dalton-Pädagogik in ihr Konzept.

Zudem gibt es einige staatliche Reformschulen. Dazu zählen die Versuchsschulen sowie Einrichtungen, die sich unter www.blickueberdenzaun.de finden,

einem Zusammenschluss reformpädagogisch engagierter Lehranstalten.

KOSTEN

Die Kosten für den Besuch einer reformpädagogischen Schule sind sehr unterschiedlich und meist nach dem Einkommen gestaffelt. Die wenigen staatlichen Schulen erheben kein Schulgeld, private kosten zwischen 60 und etwa 275 Euro pro Monat plus etwa 50 Euro für Extras wie Essensgeld. Geschwisterkinder erhalten meist einen Rabatt.

WEITERE INFORMATIONEN

Ehrenhard Skiera: **Reformpädagogik in Geschichte und Gegenwart** (siehe Seite 111)

Bettina Wendeln: **Freie Alternativschulen – Eine Antwort auf das staatliche Schulwesen**. Paulo Freire Verlag 2005, 144 Seiten
(Darstellung der reformpädagogischen Konzepte mit einer kritischen Betrachtung der staatlichen Schulen)

I. Hansen-Schaberg/B. Schonig (Hrsg.): **Freinet-Pädagogik**. Schneider-Verlag 2002, 304 Seiten.
(Übersicht über die Freinet-Pädagogik mit einigen Originaltexten)

I. Hansen-Schaberg/B. Schonig (Hrsg.): **Jenaplan-Pädagogik**. Schneider-Verlag 2007, 318 Seiten
(Beiträge zum Verständnis der Jenaplan-Pädagogik, mit einer Zusammenstellung von Quellentexten)

Susanne Popp: **Der Daltonplan in Theorie und Praxis**. Studien Verlag 1999, 256 Seiten
(Historisch und systematisch orientierte Einführung in das Thema)

Arbeitsgemeinschaft Freier Schulen (Hrsg.): **Handbuch Freie Schulen**. Rowohlt 1999, 552 Seiten
(Allgemeine Informationen zu freien Schulen und konkrete Abhandlung von einzelnen schulpädagogischen Konzepten)

H. Ullrich/T. Idel/K. Kunze (Hrsg.): **Das Andere Erforschen. Empirische Impulse aus Reform- und Alternativschulen**. VS Verlag 2004, 250 Seiten
(Umfangreiche Darstellung und Diskussion empirischer Ansätze in Bezug auf reform- und alternativpädagogische staatliche Schulen)

WALDORFSCHULEN

Die Weltanschauung Rudolf Steiners polarisiert bis heute. Aber vielen Eltern gefällt der ganzheitliche Ansatz an anthroposophisch geprägten Schulen. Eine dominantere Rolle als anderswo spielt der Klassenlehrer: Bis zum achten Schuljahr übernimmt er einen Großteil des Unterrichts

KONZEPT

Die erste Waldorfschule gründete der Österreicher Rudolf Steiner 1919 in Stuttgart: für die Arbeiterkinder der Zigarettenfabrik Waldorf-Astoria. Sie war zu jener Zeit eine der wenigen Schulen in Deutschland, die Jungen und Mädchen aufnahm und Kindern aller sozialen Schichten offenstand.

Steiners pädagogisches Konzept war abgeleitet von der von ihm begründeten Weltanschauung der Anthroposophie, einer Methode zur Erforschung des Über-

Auch praktische Dinge zählen: Waldorfschüler aus München-Daglfing beim Brennholzschleppen

sinnlichen. Demnach befindet sich der Mensch in einer beständigen Entwicklung zu höheren geistigen Bewusstseinsebenen. In einer Folge von vier Siebenjahresschritten entfaltet er im Verlauf des Erwachsenwerdens verschiedene Aspekte seines Wesen, die „Wesensglieder".

Im ersten Lebensjahrsiebt – der Zeit des „physischen Leibes" – lernten die Kinder, so Steiner, durch Nachahmung, und deshalb müssten die Eltern darauf achten, dass sie unerwünschte Verhaltensweisen wie etwa Gewalttätigkeit nicht von anderen übernehmen. Fernsehkonsum sei daher zu vermeiden. Ebenso der Gebrauch von technischem Spielzeug, da es die geistige und körperliche Entwicklung der Kinder beeinträchtige und zu einem verminderten Wortschatz führe.

Das Kind solle in dieser Zeit noch nicht intellektuell arbeiten, sondern in einer Ge-

borgenheit aus Farben und Klängen in engem Kontakt zu seinem Erzieher leben.

Das zweite Jahrsiebt beginnt mit dem Zahnwechsel. Diese Phase des „Ätherleibs" schließt gewissermaßen die Geburt des Kindes vollständig ab. Denk-, Lern- und Gedächtnisfähigkeiten könnten sich in dieser Zeit am besten entwickeln. Das Kind sei nun, so Steiner, sehr aufnahmefähig für Wertvorstellungen und Sinnfragen sowie für bildhafte Darstellungen. In dieser Phase hat in den Waldorfschulen die Verehrung des Lehrers als Vorbild und Autorität einen sehr hohen Stellenwert.

Das dritte Jahrsiebt beginnt mit der Pubertät, der Geburt des sogenannten „Astralleibes". Dieser gilt als Träger des Bewusstseins, der Empfindungen und Triebe. Die Ausbildung der Urteilsfähigkeit, die intellektuelle Entwicklung und die Sachlichkeit auch gegenüber emotionalen Erlebnissen stehen jetzt im Vordergrund.

Erst mit etwa 21 Jahren entwickelt sich schließlich der „Ich-Leib", der „Dauer und Kontinuität" mit sich bringt.

In der gesamten Erziehung spielen nach der Vorstellung Steiners verschiedene Temperamente des jeweiligen Kindes eine entscheidende Rolle: das phlegmatische, das cholerische, das melancholische sowie das sanguinische, also heitere Temperament. Idealerweise ergänzen sie sich.

Da dies bei den meisten Kindern nicht der Fall sei, habe die Erziehung die Aufgabe, dies auszugleichen: indem Kinder gleichen Charakters zusammengeführt würden. „Individualisieren" heißt bei Steiner nicht, Rücksicht auf die Bedürfnisse des einzelnen Kindes zu nehmen, sondern sein Temperament zu „harmonisieren".

Viel Wert gelegt wird an Waldorfschulen auf eine Rhythmisierung: Strukturiert wird das Jahr durch den Beginn der Jahreszeiten, durch christliche Feiertage sowie die „Monatsfeiern", bei denen die Schüler ihre künstlerischen Arbeiten und die im Unterricht erarbeiteten Ergebnisse präsentieren.

Generell ist dem Steiner'schen Erziehungskonzept eine ganzheitliche Persönlichkeitsentwicklung, bei der intellektuell-kognitive, künstlerisch-kreative und handwerklich-praktische Fähigkeiten ausgebildet werden, wichtiger als die reine Wissensvermittlung. Für Waldorfschulen gilt der Grundsatz: Leistung ist nicht alles.

Nach Abschluss der Schule sollen die Absolventen in der Lage sein, einen „Beitrag zu einer besseren Welt" zu leisten.

Das Streben nach Harmonie von Individuum und Welt haben auch die Schulen auszustrahlen: Eine bestimmte Architektur ist zwar nicht zwingend vorgeschrieben, doch wird bei vielen Gebäuden auf rechte Winkel verzichtet und eine fließende Gestalt bevorzugt. Die Formen und Farben sollen einen positiven Einfluss auf die Kinder haben.

Was die „reine" Lehre betrifft, so gibt es innerhalb des Kreises der Anthroposophie/ Waldorfpädagogik bis heute keine fundamentale Kritik an Rudolf Steiner, sondern bestenfalls unterschiedliche Auslegungen seiner Ideen. Manche Kritiker von außen halten Waldorfschulen für esoterisch-okkulte Weltanschauungsinstitute und bezweifeln, dass eine 90 Jahre alte Pädagogik heute noch zeitgemäß ist.

UNTERRICHTSFORMEN

Der Tag beginnt für Waldorfschüler der unteren Jahrgänge meist mit der Rezitation der Morgensprüche. Jedes Kind sagt an jenem Wochentag, an dem es auf die Welt gekommen ist (Samstags- und Sonntagskinder am Montag), den Spruch auf, den der Lehrer ihm im Zeugnis gewidmet hat. Das sind häufig kleine Gedichte, die das Temperament der Kinder harmonisieren sollen: Die wilden sollen ruhiger, die ruhigen aufgeweckter werden.

Daraufhin folgen häufig rhythmische Übungen mit Klatschen, Singen oder Spre-

Eurythmie, eine Darstellungsform aus Tanz und Gebärden, ist Pflichtfach wie Deutsch und Mathe

chen. Mitunter passen die Übungen schon zum anschließenden „Epochenunterricht", in dem die Kinder konzentriert den Stoff der Hauptfächer lernen. Eine Epoche dauert in der Regel vier Wochen mit täglich zwei Stunden Unterricht; das ersetzt beispielsweise die wöchentlichen Unterrichtsstunden in einem Fach, die an staatlichen Schulen über ein ganzes Jahr hinweg erteilt werden. Dieser Ansatz soll eine intensivere Auseinandersetzung mit dem Stoff ermöglichen.

Wichtigstes Lernmittel sind die Epochenhefte, in denen die Schüler die vom Lehrer diktierten oder gemeinsam erarbeiteten Texte und Tafelbilder festhalten. Texte sagen die Schüler im Unterricht häufig im Chor auf oder sprechen sie nach.

So lernen die Kinder anfangs auch Fremdsprachen. Es wird zudem viel auswendig gelernt, wobei es zunächst nicht darauf ankommt, den jeweiligen Text auch inhaltlich zu verstehen.

Der Sinn einer solchen Vorgehensweise erschließt sich erst, wenn man weiß, dass die Sprache und der Sprachrhythmus in der Vorstellung der Anthroposophie und der Waldorfpädagogik das Geistige gleichsam substanziell enthalten: Nach dieser Logik nimmt das Kind bereits über das Sprechen und Nachsprechen das Wesentliche in sich auf. Überhaupt wird in der Waldorfpädagogik der Sprache und dem artikulierten Sprechen ein hoher erzieherischer Wert zugesprochen.

Zur Pause am Mittag gehört ein Tischgebet. Später am Tag folgen die künstlerischen und praktischen Unterrichtseinheiten –

darunter auch die wöchentliche Eurythmie-Stunde: eine waldorfeigene Darstellungskunst aus Tanz und Bewegung, die Gebärde, Musik und Sprache als Einheit erlebbar machen soll. Für jeden Buchstaben gibt es eine fest definierte tänzerische Geste; daher können Waldorfschüler tatsächlich „ihren Namen tanzen", wie es häufig etwas herablassend heißt. Es gibt aber auch streng choreografierte Tanzdarbietungen, bei denen die Schüler bunte Gewänder tragen.

Lehrbücher sind in der Waldorfpädagogik ebenso wenig vorgesehen wie elektronische Medien. Erst Schüler ab der oberen Mittelstufe dürfen Computer im Unterricht benutzen. Gruppenarbeit und individualisierte Arbeitsformen finden sich an Waldorfschulen kaum. Der Fachunterricht findet zumeist als Frontalunterricht statt.

Die Stellung des Klassenlehrers ist viel dominanter als an allen anderen Schulformen: Er begleitet die Kinder möglichst bis zur 8. Klasse, also bis zum Ende des zweiten Jahrsiebts, und übernimmt den überwiegenden Teil des Unterrichts. Erst danach beginnt der Fachlehrerunterricht.

Zwar unterscheidet sich die Ausprägung der Waldorfpädagogik von Schule zu Schule, doch generell halten die Lehranstalten bis heute an ihren grundlegenden Traditionen fest.

Eine Öffnung zu mehr Selbstständigkeit und Freiheit (im Sinne von Mitsprache und Individualisierung) widerspräche auch der Grundkonzeption, die den Lehrer als Repräsentanten der kosmischen Ordnung gegenüber den Kindern ansieht.

LEHRPLAN, LEISTUNGS-
BEWERTUNG, ABSCHLÜSSE

Waldorfschulen haben einen Fächerkanon, der sich bis auf den Eurythmie-Unterricht nicht grundsätzlich von dem staatlicher Schulen unterscheidet. Die anthroposophische Orientierung der Fächer zeigt sich vor allem in der künstlerischen Ausrichtung des Unterrichts – etwa in den aufwendig geführten und mit Zeichnungen sowie Bildern geschmückten Epochenheften, die auch der Leistungsbeurteilung dienen. Fremdsprachen, oft Englisch in Verbindung mit Französisch, lernen die Kinder schon ab der 1. Klasse, ebenso das Spielen eines Instruments. Physik und Chemie beginnen erst mit der 8. Klasse.

Praktika gehören stärker als an anderen Schulen zum Lehrplan. Dazu zählen etwa solche im Landbau auf einem ökologischen Bauernhof, in sozialen Einrichtungen oder auch in einem Betrieb. Alle Waldorfschulen haben zudem gut ausgerüstete Werkstätten, in denen die Heranwachsenden unter anderem spinnen lernen oder Bücher binden.

Eine generelle Einschätzung, wie viel Einfluss die Steiner-Lehren jeweils auf das Curriculum einer Waldorfschule haben,

In gut ausgestatteten Werkstätten werden handwerkliche Fähigkeiten geschult

ist kaum möglich. Vieles ist von den führenden Personen innerhalb der Schule und der Einstellung des jeweiligen Klassenlehrers abhängig. Bei Weitem nicht alle Waldorfpädagogen sind Anthroposophen.

Die Schulen sind in der Regel private, staatlich genehmigte Ersatzschulen, die sich meist zu großen Teilen aus öffentlichen Mitteln finanzieren. Sie sind als Gesamtschulen angelegt und haben meist zwölf

Jahrgänge. Den Realschulabschluss machen Schüler erst nach der 12. Klasse, ebenso den sogenannten Waldorfabschluss, der jedoch staatlich nicht anerkannt ist. Einige Schulen bieten auch eine 13. Klasse an, mit deren Abschluss das Abitur abgelegt werden kann. Ist das nicht der Fall, muss das Kind auf ein normales Gymnasium wechseln.

In den Jahrgängen 1 bis 8 oder 10 bekommen die Schüler ein individuelles Berichtszeugnis, das die Leistung des Einzelnen und auch seinen Charakter beschreibt. Der Klas-

Die komplizierten Bewegungen in der Eurythmie werden von den Schülern immer wieder geübt

senverband und die Schüler-Lehrer-Beziehung haben einen so hohen Stellenwert, dass schlechte Schüler nicht sitzen bleiben, hochbegabte aber auch nicht eine Klasse überspringen können. Noten gibt es in den Waldorfschulen erst ab der 11. Klasse, quasi als Voraussetzung für den Realschulabschluss.

STÄRKEN UND SCHWÄCHEN

Das Konzept der Waldorfpädagogik ist umstritten. Die Befürworter schätzen den ganzheitlichen Ansatz und das eher stressfreie Lernen.

Für die Gegner handelt es sich um eine pseudowissenschaftliche Pädagogik einer sektenartigen Gruppe mit einem zum Teil bis heute andauernden Personenkult um den Gründervater. Auch wurden immer wieder Rassismusvorwürfe gegen die Schriften Steiners erhoben. Im Jahr 2007 hat der Bund der Freien Waldorfschulen aber eindeutig und öffentlich Stellung gegen Rassismus und Diskriminierung bezogen.

Waldorfschulen stellen zwar gern voll ausgebildete Lehrer ein oder begrüßen

zumindest das Erste Staatsexamen – doch ist beides nicht überall Voraussetzung für eine Anstellung. Für eine Lehrtätigkeit in handwerklichen Fächern ist kein Universitätsstudium erforderlich; die Schulen dürfen einen gewissen Prozentsatz von Lehrern ohne Hochschulexamen einstellen.

Alle angehenden Waldorf-Klassenlehrer müssen allerdings ein spezielles Seminar absolvieren, in dem sie sich vor allem künstlerisch fortbilden. Im Rahmen der Vereinheitlichung des europäischen Hochschulwesens (Bologna-Prozess) bietet das Seminar für Waldorfpädagogik an der Freien Hochschule Stuttgart ab 2009/10 auch Bachelor- und Masterstudiengänge an.

Kinder an Waldorfschulen kommen überwiegend aus höheren sozialen Schichten. Eltern bemängeln allerdings häufig, dass die Einrichtungen überproportional viele Eleven aufnähmen, die an anderen Schulen gescheitert seien, und sich die Förderung dementsprechend eher auf die Leistungsschwachen konzentriere. Obwohl die Waldorfschüler in den ersten Jahren in den Fächern Lesen, Mathematik und Rechtschreiben im Vergleich zu Kindern an staatlichen Schulen zurückliegen, erreichen sie später oft recht gute Abschlüsse.

Bei Schülern, die nicht in die Gedanken- und Lebenswelt der Waldorfschulen passen oder die durch das Lerntempo in den unteren Klassen über- oder unterfordert sind, können Konflikte entstehen, die bis zu einer Auflösung des Schulvertrages führen. Da es in der Unter- und Mittelstufe keine Noten gibt, stoßen Wechsler an staatlichen Schulen dort häufig auf Probleme. Auch Wissenslücken und der besondere Umgang an den Waldorfschulen können dazu führen, dass es den Kindern schwerfällt, sich an Regelschulen einzugliedern.

Andererseits können die Waldorfschulen durch ihre regelmäßigen Abläufe, die dominante Rolle des Klassenlehrers und ihre verbindliche Wertorientierung einen Raum der Geborgenheit bieten, wie er an öffentlichen Schulen kaum zu finden ist – auch wenn die Klassen im Schnitt größer sind als an anderen Privat- oder an Regelschulen.

Waldorfschulen verlangen von den Eltern viel Engagement, etwa bei Renovierungen oder beim Organisieren von Ausflügen.

Zum ganzheitlichen Ansatz gehört zudem, dass die Klassenlehrer die Eltern daheim besuchen – um die Lebenssituation der Kinder einschätzen zu können.

ANGEBOT

In Deutschland gibt es mehr als 200 Waldorfschulen. Vielen ist ein Kindergarten angeschlossen. Die Anmeldung zur 1. Klasse sollte schriftlich und frühzeitig erfolgen; ein Wechsel von konventionellen Schulen ist auch im laufenden Schuljahr möglich.

KOSTEN

Durchschnittlich 140 Euro im Monat. In den meisten Fällen ist das Schulgeld abhängig vom Einkommen der Eltern. Einige Schulen fordern zusätzlich eine Einlage, Aufnahmegebühren oder eine finanzielle Beteiligung an Bauvorhaben.

WEITERE INFORMATIONEN

Ehrenhard Skiera: **Reformpädagogik in Geschichte und Gegenwart** (siehe Seite 111)

I. Hansen-Schaberg/B. Schonig (Hrsg.): **Waldorf-Pädagogik**. Schneider Verlag 2006, 300 Seiten (Umfassende Abhandlung der Ideen Rudolf Steiners mit konkreter Beschreibung des Schulalltags aus unabhängiger Sicht)

Werner Helsper, Heiner Ullrich u.a.: **Autorität und Schule. Die empirische Rekonstruktion der Klassenlehrer-Schüler-Beziehung an Waldorfschulen**. VS Verlag 2007, 564 Seiten (Detaillierte Studie über drei Schulen. Darunter ein Abschnitt über „Wirklichkeit und Wirkung von Waldorfschulen – Ergebnisse empirischer Forschung")

Michael Grandt: **Schwarzbuch Waldorf**. Gütersloher Verlagshaus 2008, 224 Seiten (Kritische Auseinandersetzung mit der Lehre Steiners und deren Umsetzung)

www.waldorfschule.info
Bund der Freien Waldorfschulen. Allgemeine Informationen zu den Waldorfschulen und ein Link zu einem umfangreichen Glossar von A wie „Abitur" bis Z wie „Zeugnisse"

KONFESSIONELLE SCHULEN

Kirchliche Lehranstalten stehen heute in der Regel Kindern aller Glaubensrichtungen offen.
Der Unterricht nimmt vielfach reformpädagogische Ideen auf – ergänzt durch Andachten und Gebete.
Viele Eltern schätzen besonders das vergleichsweise angenehme Schulklima

KONZEPT

Die konfessionellen Schulen sind die mit Abstand am weitesten verbreiteten privaten Schulen in Deutschland: Von den mehr als 3000 allgemeinbildenden Privatschulen sind mehr als 40 Prozent in konfessionell gebundener Trägerschaft. Träger von katholischen Schulen sind unter anderem Orden, Diözesen und Kirchengemeinden, die der evangelischen Schulen meist Landeskirchen oder Diakonische Werke.

Einige der konfessionellen Gymnasien und Realschulen bieten auch Internatsplätze an. Etwa ein Fünftel der katholischen Lehranstalten sind noch reine Mädchenschulen, Jungenschulen gibt es dagegen nur wenige.

Die ersten evangelischen Lehranstalten sind in der Zeit der Reformation entstanden. Deren Tradition geht auf ein Verständnis von Glauben zurück, das eng mit Bildung verknüpft war sowie mit Singen und Musizieren. Noch viel älter sind die katholischen Klosterschulen – die ersten wurden bereits im 5. Jahrhundert gegründet. Anfangs dienten sie ausschließlich der Rekrutierung von Geistlichen, erst später übernahmen sie auch allgemeinbildende Aufgaben.

In der Regel stehen die katholischen und evangelischen Schulen heute auch Mitgliedern anderer Glaubensrichtungen offen. An den katholischen Schulen in Hamburg etwa ist jedes vierte Kind evangelisch, an der evangelischen Grundschule Pankow in Berlin jedes vierte Kind katholisch.

Trotz der Anbindung an die Institution Kirche genießen die Schulen weitgehende Autonomie und haben große Spielräume bei der Gestaltung ihres Schulalltags und des Unterrichts. Selbst für die Lehrer ist eine entsprechende Konfessionsangehörigkeit oder zumindest die Mitgliedschaft in einer christlichen Kirche zwar meist erwünscht, aber nicht immer erforderlich.

Dennoch spielen christliche Werte eine wichtige Rolle, denn in Anlehnung an kirch-

Unterricht im Zeichen des Kreuzes: Fast jede zweite Privatschule ist in kirchlicher Trägerschaft

liche Schulgesetze sollen die Lehranstalten dazu beitragen, Kindern und Eltern zu einem am christlichen Glauben orientierten Lebensverständnis zu verhelfen. Daher hat der Religionsunterricht eine weitaus höhere Bedeutung als an anderen Schulen.

Zu den konfessionell gebundenen Lehranstalten gehören auch einige jüdische Schulen. In der Regel sind es Grundschulen; einzig die Jüdische Oberschule Berlin umfasst einen Real- und Gymnasialzweig. Die Einrichtungen stehen auch Angehörigen anderer Glaubensrichtungen offen.

In den letzten Jahren haben sich auch mehrere deutsch-türkische und türkische Schulen etabliert. Mit Ausnahme der „Islamischen Grundschule Berlin" verstehen sie sich aber nicht als konfessionelle, sondern als zweisprachige Einrichtungen.

UNTERRICHTSFORMEN

Bei einigen konfessionellen Schulen unterscheidet sich der Alltag kaum von dem der Regelschulen. Viele evangelische Lehran-

stalten sind jedoch reformpädagogisch orientiert; bei den Grundschulen liegt der Anteil sogar bei etwa 80 Prozent. Dort werden mitunter auch Wochenpläne sowie Frei- und Projektarbeit eingesetzt – ähnlich wie in Montessori- oder Daltonplan-Schulen (siehe Seite 110 und 112).

An der Grundschule Pankow in Berlin etwa folgen dem Morgenkreis keine 45-Minuten-Einheiten, sondern zwei lange Unterrichtsblöcke, unterbrochen von einer halbstündigen Pause. Im Vordergrund steht die Freiarbeit im eigenen Tempo an Wochenplänen. Zum „evangelischen Profil" gehören wöchentliche Andachten sowie Schulgottesdienste. Und der Religionsunterricht ist von der 1. bis zur 6. Klasse Pflicht.

Auch viele katholische Schulen verfolgen reformpädagogische Ansätze. So sieht etwa der Lehrplan für die freien katholischen Schulen in der Diözese Rottenburg-Stuttgart starke Anteile der Montessori-Pädagogik vor.

Einige Schulen unterstreichen ihr Profil als konfessionell gebundene Einrichtungen, indem sie Elemente wie Andacht oder Gebet stärker als andere in den Wochenablauf integrieren, etwa als Morgenandacht zum Wochenstart oder gottesdienstähnliche Veranstaltungen, in denen die Kinder Lieder singen, religiöse Texte hören und beten. Mitunter werden diese Veranstaltungen auch von Pastoren abgehalten.

Die Spannweite ist groß: Im katholischen Kolleg St. Blasien im Südschwarzwald beginnt jeder Schultag mit einem Morgengebet; im Englischunterricht auch auf Englisch. Religionsunterricht ist Pflicht. Am katholischen Norbertusgymnasium in Magdeburg dagegen können die Schüler sich sogar zwischen Religion und Ethik entscheiden: „Zum Glauben kann man niemanden zwingen", sagt die stellvertretende Schulleiterin Sabine Behrendt.

Das Fach Biologie wird an konfessionellen Schulen inhaltlich ähnlich gelehrt wie an staatlichen – also einschließlich der Evolutionslehre nach Charles Darwin. Der Kreationismus, der Bibeltexte zur Erschaffung der Welt wortwörtlich nimmt, spielt, anders als in den USA, hierzulande keine Rolle. Bestimmte Aspekte christlicher Tradition können jedoch stärker in den Vordergrund rücken – etwa Fragen der Bioethik, wenn es um die Stammzellenforschung geht.

Zum Angebot vieler Schulen gehört ein Nachmittagsprogramm, beispielsweise mit Homepage-AG oder Hausaufgabenhilfe.

An den jüdischen konfessionellen Schulen gehört der Religionsunterricht ebenso wie das Erlernen von Hebräisch zu den „unverzichtbaren Voraussetzungen", heißt es im Leitbild der Jüdischen Oberschule Berlin. Die Förderung von Selbstdisziplin und Sozialkompetenz soll das Zusammenleben erleichtern. Als Schlüsselkompetenzen werden das eigenverantwortliche Lernen und die Teamfähigkeit angesehen.

LEHRPLAN, LEISTUNGS-BEWERTUNG, ABSCHLÜSSE

Die konfessionellen Schulen sind staatlich anerkannt und orientieren sich am Lehrplan der Regelschulen. Beim Fächerkanon liegt eine stärkere Gewichtung auf dem Religionsunterricht, der meist Pflicht ist. Auch ist es an vielen Gymnasien möglich, Religion als Leistungskurs zu wählen.

Um ein „konkurrenzarmes Lernklima" zu schaffen, verzichten konfessionelle Grundschulen häufig auf Zensuren. Auf weiterführenden Schulen werden dann aber in der Regel wie an staatlichen Schulen Noten vergeben.

An evangelischen und katholischen Lehranstalten unterrichten ausschließlich Pädagogen, die den „Qualifikationsmerkmalen von Lehrkräften im staatlichen Schulwesen entsprechen"; nur selten sind sie Geistliche oder Mitglied eines Ordens.

Neben dem Bemühen um die Stärkung der sozialen Kompetenzen sowie der Förderung von benachteiligten Kindern verfügen viele konfessionelle Schulen auch über Angebote für leistungsstarke Mädchen und Jungen. Manche Schulen unterstützen Hochbegabte, andere bieten zum Beispiel Chinesischkurse an. Die Abschlüsse an

konfessionellen Schulen entsprechen meist denen an staatlichen Lehranstalten.

STÄRKEN UND SCHWÄCHEN

Nach Angaben der Evangelischen Kirche (EKD) schneiden konfessionelle Schulen bei Leistungsvergleichen oft erfolgreich ab. Dafür verglich die EKD die PISA-Daten mit selbst erhobenen Daten eigener Schulen. Während es an den Gymnasien keinen Unterschied gibt, gelingt an konfessionellen Haupt- und Realschulen die Vermittlung der Lesekompetenz und der mathematischen Fähigkeiten besser als an staatlichen Schulen – vor allem bei Jungen und Mädchen aus schwierigen sozialen Verhältnissen und bei Einwandererkindern.

Ein Vorteil der konfessionellen Schulen ist ihre oft vergleichsweise gute Ausstattung, denn sie erhalten neben der staatlichen Förderung in der Regel auch Mittel von ihren Kirchenverbänden; hinzu kommt die Hilfe von Ehrenamtlichen, darunter auch Nonnen und Mönche, was oft eine individuellere Betreuung ermöglicht.

Auch das Schulklima wird von vielen Eltern als vergleichsweise gut eingeschätzt. Es kommt weniger häufig zu Schlägereien oder Vandalismus. Dass es an konfessionellen Schulen strenger als an Regelschulen zugeht, ist nach Einschätzung von Fachleuten dagegen ein Klischee; allenfalls räumen sie ein, dass der Unterricht im Schnitt etwas disziplinierter ausfällt.

ANGEBOT

Die verschiedenen evangelischen Träger betreiben mehr als 500 Schulen mit 115 000 Schülern. Darunter sind 162 Grundschulen mit Orientierungs- beziehungsweise Beobachtungsstufe, knapp zwei Drittel davon in den östlichen Bundesländern, sowie 92 Gymnasien und 170 Förderschulen.

In katholischer Trägerschaft stehen rund 700 allgemeinbildende Schulen mit mehr als 320 000 Schülern, darunter etwa 200 Gymnasien, dazu 160 Real-, Mittel-

und Sekundarschulen sowie mehr als 100 Grund-, Haupt- und Volksschulen.

Neben der Jüdischen Oberschule in Berlin, der Lichtigfeld-Schule, einem Gymnasium in Frankfurt, das mittlerweile bis zur Klasse 9 führt, gibt es jüdische Grundschulen in Berlin und Frankfurt, München, Hamburg, Düsseldorf, Köln und Stuttgart.

Obwohl es in ganz Deutschland konfessionelle Schulen gibt, sind die Plätze oft knapp.

KOSTEN

Etwa ein Drittel der katholischen Schulen nimmt Schulgeld. Bei der jüngsten Erhebung im Jahr 2004 lag es im Durchschnitt bei knapp 30 Euro im Monat; in Ausnahmefällen können es auch bis zu 120 Euro sein. Das Schulgeld ist meist nach dem Elterneinkommen gestaffelt, wobei es Härtefallregelungen bis zur völligen Befreiung gibt. In Nordrhein-Westfalen und Hamburg ist der Besuch katholischer Schulen bislang kostenfrei.

Evangelische Schulen sind mit Beiträgen von 60 bis 120 Euro im Monat etwas teurer (in NRW sind sie ebenfalls kostenfrei). Für Familien mit niedrigem Einkommen bieten die Einrichtungen Vergünstigungen und Stipendien an.

Kinder an konfessionellen Internaten zahlen deutlich mehr. Die Kosten für Schule, Wohnen und Verpflegung belaufen sich beispielsweise im Kolleg St. Blasien auf mehr als 1200 Euro im Monat.

WEITERE INFORMATIONEN

Arbeitsgemeinschaft Freier Schulen (Hrsg.): **Handbuch Freie Schulen.** Rowohlt Verlag, 1999, 558 Seiten (Viele Infos zu Erziehungskonzepten, Abschlüssen etc. der konfessionellen Schulen, mit Schulporträts und einem umfangreichen Schulverzeichnis)

www.katholische-schulen.de
Website des Arbeitskreises katholischer Schulen in freier Trägerschaft mit Schulfinder

www.evangelische-schulen-in-deutschland.de
Die Website der evangelischen Kirche bietet zahlreiche Publikationen und aktuelle Zahlen.

INTERNATS SCHULEN

Unter dem Etikett »Internat« verbergen sich sehr unterschiedliche Einrichtungen: Einige wenden sich an Hochbegabte oder geben sich elitär, andere haben einen kirchlichen oder reformpädagogischen Hintergrund. Und: Nicht alle erfüllen die Erwartungen von Eltern und Schülern

Koedukation gibt es hier schon seit 1920: das von Reformpädagogen gegründete Internat Salem

KONZEPT

Internate können Kindern und Jugendlichen mehr als nur Schule bieten: ein Zuhause und manchmal eine Ersatzfamilie. Das Zusammenleben der Zöglinge und oft auch der Lehrer auf dem gleichen Gelände ermöglicht im besten Falle eine intensive fachliche und erzieherische Betreuung.

Die Konzepte sind sehr unterschiedlich. Entwickelt haben sich die ersten Internate aus den mittelalterlichen Dom- und Klosterschulen. Heute finden sich neben den eher elitären Anstalten wie Salem am Bodensee oder Schloss Torgelow in Mecklenburg-Vorpommern etliche Einrichtungen, die spezielle Schwerpunkte haben: etwa christliche Jugenddörfer sowie Waldorf-, Montessori-, Hochbegabten- oder SportInternate.

Eine besondere Rolle unter den Internaten spielen die mehr als 20 traditionsreichen Landerziehungsheime, zu denen unter anderem die Hermann-Lietz-Schule auf Spiekeroog oder Schloss Hohenwehrda

in Osthessen zählen. Die Landerziehungsheime entstanden Ende des 19. Jahrhunderts durch die reformpädagogische Bewegung, so etwa Haubinda in Thüringen oder Schloss Bieberstein in der Rhön. Geprägt wurden sie von Hermann Lietz, einem Pädagogen und Landwirtssohn, der über die reine Wissensvermittlung hinaus eine ganzheitliche Erziehung propagierte. Wichtig war ihm die Lage auf dem Land, abseits der Einflüsse der Großstädte.

Einige Landerziehungsheime unterrichten als „Heimschulen" ausschließlich dort wohnende Eleven. Andere haben einen Internatszweig, in dem Kinder aus der Umgebung gemeinsam mit den „Heimkindern" unterrichtet werden.

Zu dieser Kategorie gehören die acht Internate des Christlichen Jugenddorfwerkes CJD. Jedes Internat hat besondere Schwerpunkte – das in Berchtesgaden etwa richtet sich auch an talentierte Wintersportler oder Asthmakranke. Die Internate nehmen Kinder aller Konfessionen sowie konfessionslose auf.

UNTERRICHTSFORMEN, TAGESABLÄUFE

Da die Internatsschulen zum Teil sehr unterschiedliche pädagogische Konzepte verfolgen, trifft dies auch für die Unterrichtsabläufe zu. Gemeinsam ist vielen Internaten eine geringe Klassenstärke. In Schloss Torgelow liegt sie bei maximal zwölf Kindern, im Landerziehungsheim Marienau in Niedersachsen zwischen 15 und maximal 22. Die Internate legen Wert auf ein überdurchschnittliches Engagement ihrer Lehrer, eine individuelle Förderung und Hausaufgabenbetreuung, klare Verhaltensregeln, strukturierte Tagesabläufe und eine umfangreiche – teilweise sehr exklusive – Freizeitgestaltung.

In Internaten gelten nicht nur an Wochentagen feste Weck- und nach Alter gestaffelte Bettzeiten, sondern auch an jenen Wochenenden, an denen die Schüler nicht nach Hause fahren. Auch am Weekend gibt es ein verbindliches Programm mit Besuchen von Museen und Veranstaltungen. In unterschiedlichem Turnus, häufig alle zwei Wochen, besteht keine Anwesenheitspflicht.

Ein Landerziehungsheim wie das auf Spiekeroog bietet auch sogenannte Gilden an: Die Tierhaltungsgilde liefert das Fleisch für die Schulküche, die Deichgilde kümmert sich um die Instandhaltung der Schutzwälle. Gruppen von vier bis acht Schülern bilden zusammen mit einem Lehrer oder einem Lehrerpaar eine „Familie", die dreimal am Tag gemeinsam die Mahlzeiten einnimmt. Die Schüler dürfen sich die „Eltern", die ebenfalls auf dem Schulgelände wohnen, aussuchen und bleiben während der gesamten Zeit bei ihnen.

Zum besonderen pädagogischen Ansatz auf Spiekeroog gehört zudem das Konzept „High Seas High School", bei dem jedes Jahr bis zu 28 Schüler aus verschiedenen Internaten oder Gymnasien monatelang auf hoher See unterwegs sind und dort auch unterrichtet werden.

LEHRPLAN, LEISTUNGS-BEWERTUNG, ABSCHLÜSSE

Die meisten Internate richten sich an Schüler ab der 5. Jahrgangsstufe und führen die Kinder bis zum Abitur oder mitunter zum International Baccalaureate. Daher orientieren sie sich in der Regel an den normalen staatlichen Lehrplänen und sind berechtigt, alle staatlich anerkannten Abschlüsse zu vergeben.

Schloss Salem am Bodensee gilt als eines der traditionsreichsten Internate in Deutschland

STÄRKEN UND SCHWÄCHEN

Im besten Fall liegen die besonderen Stärken der Internate neben den schulischen Qualitäten in der Herausbildung sozialer Kompetenzen.

Aber es gibt auch Kritik an vielen Internatsangeboten, so etwa von Ulrich Lange, dem Geschäftsführer der Zentralstelle für Internatsberatung, die von einem gemeinnützigen Verein getragen wird. Zwar habe sich das Angebot in den letzten Jahren stark ausdifferenziert, so Lange. Doch viele traditionelle Internate hätten die gleichen Probleme wie früher: einen großen Anteil Kinder mit entwicklungs-, erziehungs- oder schulisch bedingten Defiziten. Auch die idealisierte Vorstellung vom Gemeinschaftsleben werde oft enttäuscht, vielfach gebe es Probleme mit Alkohol und Drogen.

Lange bemängelt auch, dass viele Internate die internen Probleme beschönigten und ihr Mäntelchen nach dem Wind hängten, da sie allein von der privat finanzierten Nachfrage abhängig sind: Gelte manchen Eltern, wie mitunter in vergangenen Jahrzehnten, die Staatsschule als zu

streng, dienten sich Internate als humane Schulen für die „Opfer des Leistungsterrors" an; vermittele das öffentliche Bildungswesen dagegen nach allgemeiner Ansicht zu wenig Wissen, stellten sich Internate als leistungsorientierte Eliteschulen dar.

Ähnlich sei es bei Verstößen gegen die Internatsordnung: Gebe es eine große Nachfrage nach Plätzen, sei man streng; sei sie gering, gehe man eher nachsichtig mit Disziplinproblemen um.

Ohnehin neigten Eltern, so Lange, häufig zu einer unrealistischen Erwartungshaltung gegenüber der Erziehungsleistung von Internaten. Je schwieriger die Lage des Kindes, desto irrationaler seien mitunter die Hoffnungen.

ANGEBOT

In Deutschland gehen etwa 40 000 Schüler auf mehr als 250 Internate. Einige wenige richten sich ausschließlich an Mädchen beziehungsweise Jungen. Die Zahl der Internate wächst, allerdings nicht so stark wie die der Privatschulen.

Eltern, die für ihr Kind ein Internat in Betracht ziehen, sollten sich frühzeitig über Aufnahmekriterien und die Fristen informieren; für eine Bewerbung sind mindestens sechs Monate einzuplanen.

In vielen Häusern können Kinder einige Tage zur Probe wohnen. Erst dann beginnt die eigentliche Bewährungsphase, die mitunter drei bis zwölf Monate beträgt. In dieser Zeit kann das Vertragsverhältnis wieder aufgelöst werden. Der Zeitraum soll beiden Seiten dazu dienen herauszufinden, ob man zueinander passt, ob sich der neue Schüler etwa an die Regeln hält. Der Zögling hat umgekehrt die Möglichkeit, auszuprobieren, ob er sich in der ungewohnten Umgebung wohlfühlt.

Zeugnisse mit guten Noten spielen vor allem bei einigen wenigen staatlichen Internaten für Hochbegabte eine Rolle. Bei allen anderen ist die Durchschnittsnote nur wichtig, wenn man sich um ein Stipendium bewirbt. Wer voll zahlt, wird meist auch unabhängig von seinen Leistungen aufgenommen.

In der Regel ist eine persönliche Vorstellung am Internat erforderlich, die mehrere Stunden in Anspruch nehmen kann. Kinder ab 13 Jahren werden normalerweise in Anwesenheit der Eltern gefragt, ob sie das Internat auch wirklich besuchen möchten.

KOSTEN

Ein Internatsbesuch kostet bis zu 3000 Euro im Monat. Dazu kommen die Reisekosten, die bei regelmäßigen Heimfahrten über große Entfernungen erheblich ins Gewicht fallen können.

Die Schule Marienau verlangt als eher exklusives Internat 2300 Euro monatlich. Dieses Landerziehungsheim vergibt aber Stipendien für begabte Schüler aus der Region, die zum Teil von der Schule, von der Vereinigung der Ehemaligen oder von Einzelpersonen getragen werden. Bei rund 20 Prozent der Schüler finanzieren Jugendämter den Schulbesuch.

Als besonders günstig gelten die christlichen Internate und die öffentlichen Internatsschulen, die es in Bayern gibt; sie kosten oft weniger als 500 Euro im Monat.

WEITERE INFORMATIONEN

M. Klemann/S. Mäder: **Der große Internate-Führer 2009/2010**. Unterwegsverlag 2009, 296 Seiten (Handbuch für Eltern und Schüler mit einem Überblick über 300 Internate in Deutschland, der Schweiz, Österreich und den Niederlanden)

www.leh-internate.de
Vereinigung Deutscher Landerziehungsheime e. V.

www.cjd.de
Christliches Jugenddorfwerk Deutschlands e. V.

www.katholische-internate.de
Verband Katholischer Internate und Tagesinternate (VKIT)

www.evangelische-internate.de
Arbeitsgemeinschaft Evangelischer Schulbünde e. V.

Zentralstelle für Internatsberatung (ZFI)
Alsfelder Straße 20,
35305 Grünberg
Tel. 06401/90 30 21
(Die ZFI ist die einzige gemeinnützige Internat-Beratung in Deutschland)

SPEZIAL**SCHULEN**

Diese Einrichtungen verfolgen nicht unbedingt einen besonderen pädagogischen Ansatz,
sondern setzen einen klaren inhaltlichen Schwerpunkt – beispielsweise auf Fremdsprachen oder Musik.
Andere richten sich an Hochbegabte oder an Kinder mit besonderen sportlichen Fähigkeiten

Hier wird nicht nur das Hirn geschult: Training in der Gegenstromanlage der Sportschule Potsdam

Bilinguale Schulen

Stark gestiegen ist in den vergangenen Jahren die Zahl der Schulen mit einem bilingualen Zug. Etwa 700 waren es im Jahr 2006. Der Unterricht findet in einem oder mehreren Fächern in einer Fremdsprache statt – oft auf Englisch, in Französisch oder einer anderen europäischen Sprache – und an einzelnen Schulen auch in Minderheitensprachen wie Sorbisch oder Nordfriesisch. Außer zu einer besseren Sprachkompetenz soll es auch zu mehr Kreativität, Flexibilität und Wissen in anderen Bereichen kommen.

Zu den bilingualen Einrichtungen gehören auch die Phorms-Schulen (www.phorms. de), die erste Privatschulkette Deutschlands, die in derzeit sechs deutschen Großstädten präsent ist. Das Angebot umfasst acht Grundschulen und zwei Gymnasien. In der Grundschule finden bis zu 70 Prozent des Unterrichts auf Englisch statt, in den gymnasialen Jahrgangsstufen etwa 50 Prozent. In der Grundschule unterrichten ein Pädagoge und ein Erzieher gemeinsam

22 Schüler, wobei einer von beiden englischer Muttersprachler ist. Im Gymnasium liegt die Klassenstärke bei 24 Schülern.

Aufgenommen werden an den Schulen nur Kinder, die ihre Muttersprache altersgerecht beherrschen. Die Fremdsprache wird an den Grundschulen nach dem Prinzip der Immersion unterrichtet – das heißt, das Englische wird in den Schulalltag eingebettet, die Kinder gehen spielerisch mit der Sprache um, Vokabel- und Grammatiklernen spielen zunächst keine Rolle. Auf diese Weise sollen sich die Eleven Englisch wie eine zweite Muttersprache aneignen.

Der Unterricht beginnt um neun Uhr und endet gegen 16 Uhr. Die für deutsche Regelschulen unüblich späte Zeit für den Start ist die Folge neuerer Erkenntnisse über den Biorhythmus von Kindern. Die Schulen öffnen jedoch schon morgens um 7.30 Uhr und bieten bis 18 Uhr ein Förderprogramm an.

Differenzierung spielt im Phorms-Konzept eine wichtige Rolle. Bereits Erstklässler

bearbeiten Aufgaben in Teams mit individuellen Stärke- und Schwächeprofilen. Hinzu kommt eine gezielte Einzelförderung, wenn Schüler Schwächen ausgleichen müssen. Zum pädagogischen Konzept der Phorms-Schulen gehört auch eine einheitliche Schulkleidung; damit soll das Wirgefühl gestärkt werden.

Das Curriculum basiert auf den lokalen Rahmenlehrplänen der Bundesländer; bei den Grundschullehrplänen orientiert es sich zum Teil auch an Vorgaben aus dem englischsprachigen Raum. Die Kinder sollen ihre Schullaufbahn demnächst entweder mit dem Abitur oder dem International Baccalaureate abschließen können.

Die monatlichen Kosten richten sich nach dem Bruttojahreseinkommen der Eltern und liegen je nach Standort zwischen 50 und 1000 Euro (wenn die Eltern pro Jahr mehr als 250000 Euro verdienen).

Daneben gibt es in Deutschland auch zahlreiche einzelne Schulen in freier Trägerschaft mit bilingualen Zweigen oder sprachlichen Schwerpunkten.

Bei staatlichen Schulen mit bilingualem Zweig handelt es sich um Gymnasien und Realschulen. Der Unterricht findet in einem oder mehreren Fächern in einer Fremdsprache statt, er unterscheidet sich aber meist nicht grundlegend von normalem Unterricht. Oft bieten diese Schulen jedoch erweiterte Austauschprogramme oder Fremdsprachenwettbewerbe an.

WEITERE INFORMATIONEN:
www.fmks-online.de/adressen.html (Verein für Frühe Mehrsprachigkeit an Kindertageseinrichtungen und Schulen e.V.)
http://lernen.bildung.hessen.de/bilingual/ schulverweise (Bildungsserver Hessen mit Verweis auch auf andere Bundesländer)

Internationale Schulen

Diese Lehranstalten richten sich in erster Linie an Kinder von Eltern, die häufig ihren Arbeitsplatz wechseln, wie Diplomaten oder Manager. Mitunter lernen dort Kinder aus 60 Nationen gemeinsam; daher ist Englisch

Unterrichts- und Umgangssprache, die Lehrer sind *native speaker*. Deutsch wird meist nach Mutter- und Fremdsprachlern getrennt von deutschen Lehrern unterrichtet. Im Durchschnitt ist ein Drittel der Schüler deutscher Herkunft.

Die derzeit 39 Internationalen Schulen in Deutschland orientieren sich an den Lernzielen der International-Baccalaureate-Organisation und den entsprechenden Abschlüssen. Daher sind Wechsel zwischen den Internationalen Schulen recht problemlos – nicht aber die zwischen staatlichen und Internationalen Schulen. Nach zwölf Schuljahren erwerben die Absolventen die Berechtigung zum Hochschulzugang für zahlreiche Länder.

Die Schulen befinden sich meist in privater Trägerschaft, und es gibt sie nur in größeren Städten. Manche sind lediglich

An der Internationalen Schule Hamburg treffen Kinder aus rund 50 Nationen aufeinander

als *Ergänzungsschulen* anerkannt. Die Möglichkeit, ein deutsches Abitur zu machen, bieten nur als *Ersatzschule* klassifizierte Internationale Schulen. Meist fallen Schulgelder zwischen 8000 und 15 000 Euro im Jahr an (ohne Verpflegung).

Zudem wählen die Schulen die Kinder in Bewerbungsgesprächen aus; bei manchen ist eine Aufnahme deutscher Schüler ohnehin nur in der 1. Klasse möglich. Ausschlaggebend sind Zeugnisse und Englischkenntnisse sowie die internationale Ausrichtung der Familie.

Die Schulen bieten meist eine Ganztagsbetreuung an und haben eine sehr gute Ausstattung sowie geringe Klassenstärken. Piercings, Rauchen oder freizügige Kleidung sind an den meisten Häusern verboten; an einigen sind Schuluniformen Pflicht. Das

Angebot an Sprachunterricht ist auch über das Englische hinaus meist sehr groß.

In der fünfstufigen Grundschule, dem Primary Years Programme (PYP), unterscheidet sich die pädagogische Ausrichtung stark von der an deutschen Regelschulen. Die Kinder arbeiten selbstständiger, der Unterricht erfolgt teilweise themenübergreifend, Deutsch und Englisch werden in „Kompetenzgruppen" unterrichtet, Religion steht nicht auf dem Stundenplan.

Da das Middle Years Programme (MYP) nach Abschluss der 10. Klasse nicht immer als Mittlere Reife anerkannt wird, bieten einige Schulen stattdessen den anspruchsvolleren IGCSE-Abschluss an (International General Certificate of Secondary Education).

WEITERE INFORMATIONEN:
www.agis-schools.org (Association of German International Schools e. V., in der die meisten Einrichtungen organisiert sind)

Schulen/Klassen für Hochbegabte

Zwei Prozent aller Kinder in Deutschland haben einen IQ von mehr als 130 und gelten als hochbegabt. Da sie leicht und schnell lernen, aber auch rasch frustriert sind, wenn man sie unterfordert, brauchen sie eine spezielle Förderung. Die beginnt teilweise schon an den Grundschulen oder setzt an den Gymnasien ein. Insgesamt gibt es etwa 1000 Schulen in Deutschland, die eine spezielle Förderung von Hochbegabten betreiben, die meisten von ihnen staatliche Grundschulen und Gymnasien.

Die Förderkonzepte in den einzelnen Bundesländern und Schulen fallen unterschiedlich aus. Grundsätzlich ist zu unterscheiden zwischen Maßnahmen zur Akzeleration (Beschleunigung) und zum Enrichment (Vertiefung). Zur Beschleunigung oder Verkürzung der Schullaufbahn können Kinder vorzeitig eingeschult werden oder Klassen überspringen. Zur Vertiefung können die Hochbegabten die üblichen Unterrichtsthemen im Klassenverband gesondert behandeln oder durch zusätzliche Leistungskurse oder überregionale Wettbewerbe weitere Themen bearbeiten. Beim sogenannten Drehtürmodell ist ein selbstständiges Arbeiten außerhalb des Klassenverbandes oder aber ein Teil-

Naturwissenschaftlich begabte Kinder lernen im Carl-Zeiss-Gymnasium Jena in Spezialklassen

unterricht in höheren Klassen möglich. Diesen Ansatz verfolgen auch einige der 15 staatlichen Grundschulen, die von der Karg-Stiftung gefördert werden und sich „Impulsschulen" nennen.

Im Privatschulbereich bieten beispielsweise die Hamburger Brecht-Schulen sowohl in der Grundschule als auch im Gymnasialbereich spezielle Klassen für Hochbegabte an, in der Grundschule auch leistungsgemischte Gruppen. Ab der 3. Klasse stehen Fächer wie Philosophie und Chinesisch auf dem Stundenplan. Das monatliche Schulgeld beträgt an den Brecht-Schulen 225 Euro.

Ein anderes Konzept verfolgt die Claudia-Agrippina-Privatschule in Köln, eine Ganztagsschule mit Klassen von maximal 14 Kindern. Sie wendet sich ebenfalls an Hochbegabte, gleichzeitig aber auch an Schüler mit Legasthenie, Aufmerksamkeitsdefizitsyndrom (ADS) oder Schulangst, weil diese oft ähnliche Verhaltensweisen zeigen. Einige Internate bieten ebenfalls eine Hochbegabtenförderung an, so zum Beispiel das private Internatsgymnasium Torgelow oder das Landesgymnasium für Hochbegabte Schwäbisch Gmünd.

WEITERE INFORMATIONEN:
www.dghk.de (Deutsche Gesellschaft für das hochbegabte Kind e. V.)

Sportschulen

Schulen, die den Leistungssport gezielt fördern, sind in dem Verbund „Eliteschulen des Sports" zusammengefasst. Ihr Motto: „Weltmeister werden und die Schule schaffen". Viele der 40 zumeist staatlichen Einrichtungen mit insgesamt mehr als 11 000 Schülern bieten Wohnheimplätze an oder haben einen kostenpflichtigen Internatszweig, außerdem sind sie eng an Sport-vereine und -verbände angebunden. Die meisten der Einrichtungen sind reine Sport-gymnasien, einige haben auch einen Realschulzweig.

Für eine Aufnahme muss man sich bewerben und eine leistungssportliche und schulische Eignung mitbringen. Die Sport-arten mit den größten Schülerzahlen sind Leichtathletik, Schwimmen und Fußball.

Der Unterricht an den Eliteschulen des Sports unterscheidet sich vor allem durch die Flexibilisierung von herkömm-lichen Schulen. So können die Kinder auch am Vormittag ihre Sportarten trainieren, sie werden problemlos für Wettkämpfe freige-stellt, und die Verschiebung von Unterricht und Klausuren ist möglich. Zudem besteht die Möglichkeit, die Sekundarstufe II zu verlängern.

WEITERE INFORMATIONEN:
www.dosb.de/de/leistungssport/eliteschulen-des-sports (Deutscher Olympischer Sportbund)

An manchen Eliteschulen des Sports beginnt das Training bereits in jungen Jahren

Schulen mit musischem Schwerpunkt

Diese Lehranstalten wollen nicht nur das Talent der Kinder fördern – sie gehen davon aus, dass die künstlerische Betätigung auch die allgemeine Entwicklung begünstigt: Kreativität, Intelligenz, soziale Kompetenz und Teamgeist.

Musisch orientierte Schulen gibt es in unterschiedlicher Trägerschaft. Die Max-Rill-Schule bei Bad Tölz etwa ist eine reine Privatschule. Dort stehen neben dem Instrumentalunterricht mehrere Wo-chenstunden Chor inklusive Stimm-bildung und Gesangstraining auf dem Stundenplan.

Die Freie Grundschule Clara Schumann in Leipzig bietet ab der 1. Klasse elemen-tare Musikpädagogik an, bei der die Kinder Rhythmus- und Körpergefühl spielerisch trainieren. Daneben gibt es konfessionelle Einrichtungen wie die Evangelische Schule Frohnau oder das katholische Gnaden-thal-Gymnasium in Ingolstadt.

Die Staatliche Ballettschule Berlin – die auch In-ternatsplätze hat – bildet zum Bühnentänzer aus

Staatliche musische Gymnasien sind generell weiter verbreitet, allein in Bayern gibt es über 70; in Hamburg bietet unter anderem das Friedrich-Ebert-Gymnasium einen Musikzweig an, in dem jede Klasse ein eigenes Orchester bildet. In Schulen wie dieser müssen die Kinder, um aufge-nommen zu werden, mindestens ein Instru-ment beherrschen oder dies zumindest sofort lernen. Sie können zudem besondere Leistungskurse für bestimmte Instrumente, meist die klassischen wie Klavier und Geige, oder auch Gesang belegen. Für die Auf-nahme in einen Leistungskurs finden oft Eingangsprüfungen statt.

Zu den musischen Schulen im weite-ren Sinne zählt auch die Staatliche Ballett-schule Berlin und Schule für Artistik. Sie ermöglicht es Kindern, eine Schulaus-bildung mit einer Ausbildung in Bühnentanz oder Artistik zu verbinden. In Hamburg, München und Stuttgart gibt es Kooperatio-nen der Ballettschulen mit allgemein-bildenden Schulen.

WEITERE INFORMATIONEN:
www.miz.org (Deutsches Musikinformationszentrum; dort unter „Institutionen", „Musikunterricht", „Allgemeinbildende Schulen mit Schwerpunkt Musik")
www.vds-musik.de (Verband Deutscher Schulmusiker)

DER SCHUL**WECHSEL**

Es kann viele gute Gründe dafür geben, nach einer neuen Lehranstalt für sein Kind
zu suchen. Doch längst nicht immer erfüllen sich alle damit verbundenen Hoffnungen.
Zum Gelingen des Neustarts können vor allem die Eltern beitragen

Der Unterricht überfordert. Oder er unterfordert. Das Kind kommt mit den Lehrern nicht klar; oder es findet keine Freunde, wird sogar gemobbt: Es kann viele Gründe dafür geben, über einen Schulwechsel nachzudenken. Etwa, weil das Kind eine andere Grundschule besuchen will. Oder von einer öffentlichen Schule auf eine freie wechseln soll, etwa eine Montessori- oder Waldorfschule. Oder von der Haupt- zur Realschule, von der Realschule zum Gymnasium oder umgekehrt.

Sind solche Brüche ein gutes Mittel, Kinder in ihrer Entwicklung zu unterstützen? Oder sollte man sie möglichst vermeiden?

Die Schullaufbahnforscherin Anke Liegmann von der Universität Duisburg-Essen befasst sich mit den psychischen Folgen von Auf-, Ab- und Umstiegen im deutschen Schulsystem. Ihr Fazit: „Jede neue Schule ist für Schüler, Eltern und abgebende Lehrer eine Art Blackbox."

Von außen lasse sich kaum einschätzen, wie das Unterrichtsniveau, die Pädagogik oder der Umgangston dort sein werden. Es lasse sich letztlich auch nicht vorhersagen, ob die Veränderungen, die Eltern und Schüler sich erhoffen, eintreten werden.

So gesehen ist jeder Schulwechsel eine Art Glücksspiel und muss genau durchdacht werden. „Die Eltern sollten vor dem Schulwechsel mit den Lehrern sprechen und sie in die Entscheidung mit einbeziehen", erklärt Klaus Seifried, der Leiter des Schulpsychologischen Beratungszentrums Tempelhof-Schöneberg in Berlin.

Seifried weiß aus Erfahrung, dass Eltern ihren Nachwuchs meist schützen oder verteidigen wollen – und deshalb oft Schwierigkeiten haben, sachlich mit den Lehrern über Probleme ihrer Kinder zu sprechen. In so einem Fall kann ein neutraler Schulpsychologe ein Gespräch moderieren und die Entscheidung begleiten.

Immer wieder trifft Seifried auf Familien wie die des jetzt neunjährigen Alexander*. Der Junge konnte sich von der 1. Klasse an schlecht konzentrieren und war häufig in Streitigkeiten und Raufereien verwickelt. Seine Mutter ließ ihn in der 2. Klasse die Schule wechseln, weil sie die Probleme auf den Erziehungsstil der Klassenlehrerin zurückführte.

Als ihr Sohn in der neuen Umgebung noch schlechter zurechtkam als zuvor – zumal ihm eine andere Lehrmethode im Lesen und Schreiben Schwierigkeiten machte –, meldete sie ihn erneut bei einer anderen Schule an. Erst dort wurde die Familie schulpsychologisch beraten. Dabei stellte sich heraus, dass Alexander unter dem Aufmerksamkeitsdefizitsyndrom (ADS) leidet. Seither wird er speziell gefördert, und es geht ihm besser.

„Beide Schulwechsel hätten sich vermeiden lassen, wenn die Mutter mit den Lehrern von Anfang an zusammengearbeitet hätte", sagt Klaus Seifried. „Das ist für ein Kind mit Verhaltens- oder Lernproblemen besonders wichtig, denn es profitiert von verlässlichen Beziehungen, klaren Regeln und Strukturen, die zwischen Schule und Familie abgestimmt sind."

Ein freiwilliger Schulwechsel aufgrund von sozialen Problemen oder Lernproblemen sei nur dann sinnvoll, wenn interne Lösungsversuche gescheitert sind und etwa ein Schulpsychologe den Eltern bescheinigt, dass sich das Kind in einer ausweglosen Situation befindet – vielleicht, weil es in eine extreme Außenseiterposition geraten ist oder außergewöhnlich viele Konflikte mit den Lehrern austrägt.

Leidet ein Kind unter Mobbing-Attacken, sollte dies in der Klasse geklärt und das Opfer dort geschützt werden. Eine Umschu-

DIE RECHTLICHE SITUATION

Grundschulen sind vielerorts Einzugsgebieten zugeordnet, von denen nur in schwerwiegenden Fällen abgewichen werden darf. Doch diese Regelung weicht zusehends auf: Es werden mehr Ausnahmen gemacht oder die Gebietsgrenzen gar abgeschafft, wie in Nordrhein-Westfalen.

Wo es keine freie Wahl gibt, müssen die Eltern dem Schulamt gegenüber ihren Wechselwunsch begründen. In Hessen zum Beispiel müssen „besondere pädagogische Gründe" für die Einschulung auf einer anderen als der zuständigen Grundschule sprechen.

Weiterführende Schulen haben keine festgeschriebenen Einzugsbereiche. Sind mehr Anmeldungen als Plätze vorhanden, wählen die Schulleiter jedoch oft in der Nähe wohnende Kinder aus.

Schüler, die umgezogen sind, dürfen grundsätzlich nicht benachteiligt werden – wenn sie zum Beispiel an einer Gesamtschule waren, müssen sie wieder an einer Gesamtschule aufgenommen werden. Diese Regel gilt allerdings nur für staatliche Schulen.

Will ein Kind aus anderen Gründen, etwa wegen Mobbings, wechseln, muss die Familie ihm einen neuen Schulplatz suchen, ehe sie es an der alten Schule abmeldet. Es gibt kein Recht, auf einer bestimmten Lehranstalt lernen zu dürfen; die Schulleitung kann die Aufnahme eines Schülers beispielsweise wegen Kapazitätsproblemen ablehnen.

Betrachtet die Familie die Ablehnung als unzumutbare Härte, kann sie Widerspruch einlegen – doch die juristischen Verfahren sind meist langwierig. Empfehlenswert ist es deshalb, sich frühzeitig mit dem zuständigen Schulamt in Verbindung zu setzen und dort den individuellen Fall zu schildern.

*Name von der Redaktion geändert

Soziale Kontakte sind für Kinder entscheidend – aber nicht immer ist es nach einem Schulwechsel einfach, schnell neue Freunde zu finden

Für den Wechsel vom Gymnasium auf die Realschule gilt: Ein solcher „Abstieg" erfolgt aufgrund der Schulgesetze – so kann zum Beispiel mehrmaliges Sitzenbleiben dazu führen, dass der Schüler auf die Real- und später gar auf die Hauptschule überwiesen wird.

„Aufstiege" folgen ebenfalls Regeln, etwa über den notwendigen Notendurchschnitt. So müssen bayerische Sechstklässler, die von der Realschule aufs Gymnasium wechseln wollen, entweder eine Aufnahmeprüfung bestehen – oder ihr Notendurchschnitt in den Fächern Deutsch, Englisch und Mathematik muss mindestens 2,0 betragen.

Detaillierte Informationen über die Regelungen in den Bundesländern finden sich unter: www.bildungsserver.de, Suchbegriff „Schulgesetze".

lung ist nur eine Notlösung, zumal das Kind binnen Wochen wieder in seine alte „Opfer"-Rolle rutschen kann.

Außerdem birgt jeder durch unangenehme Erlebnisse motivierte Schulwechsel eine Gefahr, auf die Biografieforscher aufmerksam gemacht haben: „Die Art und Weise, wie mit einem kritischen Lebensereignis – in diesem Fall einer größeren schulischen Krise – umgegangen wird, kann nachweislich zu einem Muster für künftige Situationen werden", erklärt die Schullaufbahnforscherin Anke Liegmann. Das Kind lernt also womöglich, schwierige Situationen eher mit Weglaufen zu lösen.

Anders verhält es sich mit einem „Aufstieg", etwa beim Überspringen einer Klasse oder bei einem Wechsel von der Realschule zum Gymnasium. Doch auch in einem solchen Fall sollten Familien mit den Lehrern klären: Wer will den Wechsel – das Kind, der Lehrer oder wollen es die ehrgeizigen Eltern? Wird der Schüler den Anforderungen der neuen Klasse oder Schule gewachsen sein, dort mithalten können und dennoch

Freizeit haben? Hat er neben den intellektuellen Fähigkeiten auch eine ausreichend entwickelte soziale Kompetenz, um sich in einer neuen Klasse gut einzugliedern?

Für die meisten Schüler, so Klaus Seifried, seien die sozialen Kontakte in der Schule sehr wichtig. Deshalb könne auch ein sehr leistungsfähiges Kind mit seinen schulischen Noten abstürzen, wenn es sich in der neuen Klasse nicht wohlfühle.

Nach jedem Schulwechsel sollten Eltern deshalb neben den Leistungen auch die soziale Entwicklung ihres Kindes im Blick behalten. Falls nötig, könnten sie es beim Aufbau eines neuen Freundeskreises regelrecht „coachen" – zum Beispiel mit ihm besprechen, wann und wie es Mitschüler zu sich einladen könnte.

Die Eltern sollten auch engen Kontakt zu den neuen Lehrern halten. Und sich in der Übergangsphase täglich mindestens eine halbe Stunde Zeit für ihren Nachwuchs nehmen, damit sich Gespräche über die neue Situation entwickeln können.

AB INS **AUSLAND** – ABER WIE?

Ein Aufenthalt in einem anderen Land ist bei vielen Jugendlichen begehrt, muss aber früh geplant werden. Hier die wichtigsten Informationen und Adressen zum Schulbesuch in einigen besonders beliebten Staaten

GROSSBRITANNIEN

Der Besuch einer öffentlichen Schule – dort lernen mehr als 90 Prozent der britischen Kinder – ist ausschließlich über Austauschorganisationen (siehe Seite 130) möglich.

Wer den Schulbesuch selbst organisieren möchte, kann sich an Privatschulen bewerben. Die etwa 2200 Private Schools oder Independent Schools verlangen zum

Private Colleges wie Eton in Großbritannien pflegen ihre Eigenarten seit Jahrhunderten

Teil sehr hohe Schulgelder: je nach Schulstufe und -typ 4600 bis 14 000 Euro pro Jahr. Ein Schuljahr auf einem Privatinternat kann zwischen 14 000 und 28 000 Euro kosten. Ratsam ist es, das Kind etwa zwölf Monate vor Schulbeginn anzumelden.

TIPP:
● In Großbritannien sind „Boarding Schools" beliebt – öffentliche und private Internatsschulen, die zum Teil auch Tagesschüler aufnehmen. Ein Elternleitfaden mit Beschreibungen und Adressen findet sich unter www.sbsa.org.uk.
● Informationen zum Thema Schulen sowie Links zum Thema Bildung finden sich auch auf www.britishcouncil.de, der Homepage von Großbritanniens internationaler Organisation für Kulturbeziehungen.
● Öffentliche Schulen bewertet: „Ofsted – the Office for Standards in Education, Children's Services and Skills", www.ofsted.gov.uk.

● Bei der Auswahl der richtigen Schule hilft auch das Schulamt, die Local Education Authority (LEA) der jeweiligen Stadt oder Gemeinde. Auf der Homepage des Ministeriums für Bildung und Qualifikationen (www.dcsf.gov.uk/everychildmatters) findet sich eine Liste der Schulämter.
● Das Independent Schools Council bietet eine Suchmaschine für 1280 britische Privatschulen an: www.isc.co.uk.
● Einen Überblick über Privatschulen in Großbritannien liefert auch die Beratungsagentur Gabbitas: www.gabbitas.co.uk.
● Ein Ranking von privaten und staatlichen Schulen sowie die „Schulen des Jahres" präsentiert www.timesonline.co.uk, die Homepage der Tageszeitung „The Times". Eltern können dort nach den 2000 besten britischen Schulen suchen.

ZUM WEITERLESEN:
Ralph Lucas: **The Good Schools Guide 2009**. Lucas Publications 2009, 1200 Seiten
The Independent School Guide 2009–2010. Kogan Page 2009, 592 Seiten

USA

Die öffentlichen Schulen, an denen rund 90 Prozent der Kinder unterrichtet werden, erheben von Austauschschülern zwischen 3500 und 9000 Euro Schulgeld pro Jahr. Die genaue Höhe muss bei den Schulen erfragt werden, die Bezahlung ist jedoch vor Schulbeginn unabdingbar für die Ausstellung ei-

Unterricht am Rande der Wüste: die Fourth Avenue Junior High School in Yuma, Arizona

nes Visums. Daher sollte man etwa ein Jahr vorher mit der Planung beginnen.

Das Schulgeld für Privatschulen liegt bei durchschnittlich 4700 Euro pro Jahr, kann jedoch auch eine Höhe von 14 000 Euro erreichen.

80 Prozent der amerikanischen Privatschulen stehen in enger Verbindung zu religiösen Institutionen. Eltern, die den Austausch ihres Kindes selbst organisieren, müssen prüfen, ob die gewählte Schule beim USCIS (United States Citizenship and Immigration Service: www.ice.gov/doclib/sevis/pdf/ApprovedSchools.pdf) eingetragen ist und an dem Austauschprogramm Student and Exchange Visitor Program (SEVP) teilnimmt.

TIPP:
● Informationen zu Bewerbungsfristen, Schulgeld, Anzahl der Schüler und Kontaktdaten einzelner Privatschulen unter www.eschoolsearch.com.
● Das amerikanische Bildungsministerium listet unter www.ed.gov Suchmaschinen für Schulen auf sowie Tipps zur Einschulung, Auswahl der richtigen Schule und Beratungsstellen in den Bundesstaaten.
● Die Aktion Bildungsinformation e. V. bietet auf www.abi-ev.de kostenpflichtige Broschüren für die USA und andere Länder zum Thema Schüleraustausch an, mit Entscheidungshilfen, Vergleich von Austauschorganisationen und Adressen.
● Eine Suchmaschine für 120 000 private und öffentliche Schulen sowie Bewertungen und Kontaktdaten finden sich unter www.greatschools.net. Unter www.homefair.com sind detaillierte „School Records" für fast 90 000 Schulen verzeichnet.

ZUM WEITERLESEN:
Ch. Gundlach/S. Schill: **Ein Schuljahr in den USA 2009/2010: Austausch-Organisationen auf dem Prüfstand**. Recherchen-Verlag 2008, 286 Seiten
Ingeborg Gierke: **Highschool für Anfänger: Ein Schuljahr in den USA**. Frieling & Huffmann 2009, 240 Seiten
Peter Metschar: **PONS Erste Hilfe Schüleraustausch USA und Kanada: Ankommen und klarkommen**. Pons 2008, 112 Seiten

Die richtige Balance zu finden: Das lernen die Schülerinnen an der Queen Mary's School, einem Mädcheninternat im britischen North Yorkshire

KANADA

Rund 95 Prozent der kanadischen Kinder besuchen öffentliche Schulen. Das Schulgeld für ausländische Kinder reicht dort von 2800 bis 9700 Euro pro Schuljahr, einige Schulen sind ganz kostenlos. Die genauen Beträge unterscheiden sich von Provinz zu Provinz und können bei den Schulaufsichtsbehörden erfragt werden.

Die Gebühren der Privatschulen richten sich nach der Schulform (Tagesschule, Internat) und sind daher sehr unterschiedlich. Je nach Region ist Englisch oder Französisch die Hauptunterrichtssprache.

TIPP:

● Die Adressen der für das Schulwesen zuständigen Aufsichtsbehörden finden sich in der Broschüre „Schulbesuch, Studium und Praktikum in Kanada": www.htw-berlin.de/documents/Serviceeinrichtungen/Career_Service/auf_nach_kanada.pdf.

● Wer den Aufenthalt seines Kindes selbst organisieren möchte, muss eine Zulassung für die gewünschte Schule, den sogenannten Letter of Acceptance/Lettre d'acception beantragen. Die entsprechenden Adressen dafür erhält man auf der Homepage des Rates der Bildungsminister: www.cmec.ca; oder bei der Canadian School Boards Association: www.cdnsba.org.

● Die Canadian Association of Public Schools-International (www.caps-i.ca) ist eine Vereinigung von 56 lokalen kanadischen Schulbehörden, die weltweit Austauschprogramme organisieren.

● Schulprofile von öffentlichen und privaten Schulen finden sich unter www.schoolsincanada.com.

● Die Aktion Bildungsinformation e.V. bietet auf www.abi-ev.de kostenpflichtige Broschüren zum Thema Schüleraustausch an, mit Entscheidungshilfen, Vergleich von Austauschorganisationen und Adressen.

● Unter www.fraserinstitute.org werden jedes Jahr „School Report Cards" veröffentlicht, mit den Leistungen der Schüler in Mathematik, Schreiben und Lesen.

ZUM WEITERLESEN:

Anke-Petra Peters: **Highschool USA & Kanada**. Interconnections 2009, 192 Seiten

Peter Metschar: **PONS Erste Hilfe Schüleraustausch USA und Kanada: Ankommen und klarkommen.** Pons 2008, 112 Seiten

FRANKREICH

Viele deutsche Lehranstalten haben in Frankreich Partnerschulen und ermöglichen ihren Schülern einen Austausch für vergleichsweise geringe Kosten. Ansprechpartner sind die Französischlehrer der jeweiligen Schule. Eltern, die ihr Kind an eine bestimmte Schule schicken möchten, sollten direkt Kontakt aufnehmen. Neben den öffentlichen Schulen, auf die mehr als 80 Prozent der Kinder gehen, gibt es Privatschulen, die

Das Lycée Carnot, eine traditionsreiche Pariser Oberschule im 17. Arrondissement

Écoles libres, die vorwiegend konfessionell gebunden sind. Sie erheben ein Schulgeld von mehreren Tausend Euro pro Jahr.

Anders als in Deutschland sind die meisten französischen Schulen Ganztagsschulen.

TIPP:

● Infos zur Anmeldung an Schulen, zu den Schulstufen, zur Finanzierung u. v. m. bietet die Internetseite www.loi.ecole.gouv.fr (nur in Französisch).

● Informationen zum Bildungssystem in Frankreich sind auch auf folgenden Internetseiten zu finden: www.botschaft-frankreich.de; www.education.fr; www.eduscol.education.fr.

● Das Deutsch-Französische Jugendwerk (DFJW) fördert die Beziehung zwischen Jugendlichen beider Länder. Auf www.ofaj.org findet sich ein Forum, in dem Eltern selber nach geeigneten Austauschpartnern suchen können.

● Mit Informationen zu Schulsystem und Austausch hilft das deutschfranzösische Sprachenportal www.fplusd.org weiter.

● Die Internetseite www.ac-amiens.fr bietet eine Suchmaschine für öffentliche und private Schulen sowie Informationen zur Anmeldung.

● Ein Ranking der 20 besten Gymnasien und eine Schuldatenbank mit Bewertungen präsentiert die Homepage des Nachrichtenmagazins „L'Express" (www.lexpress.fr).

ZUM WEITERLESEN:

Annelie Maidhof: **PONS Schüleraustausch-Wegbegleiter Frankreich**. PONS 2007, 96 Seiten

Ursula Oehring u. a.: **ABC des échanges. Begleitbuch für den Schüleraustausch**. Langenscheidt 2006, 120 Seiten

Marie-Pierre Flanz: **Mon voyage en France: Carnet de voyage**. Klett 2003, 48 Seiten

AUSTAUSCHORGANISATIONEN

Wer den Auslandsaufenthalt seines Kindes nicht selbst organisieren möchte, findet bei privaten und gemeinnützigen Austauschorganisationen Hilfe. Sie bieten meist einen Rundum-Service: Auswahl der Schule, Gastfamilie, Buchung der Flüge sowie die Betreuung der Schüler im Gastland.

TIPP:

● Der Deutsche Fachverband High School e. V. bietet auf seiner Homepage www.dfh.org einen Überblick über private Austauschorganisationen in Deutschland

Auf nach China: Mit professioneller Unterstützung entdecken Schüler die fremde Kultur

sowie als Download eine Informationsbroschüre zum Schuljahr im Ausland. Der Fachverband vergibt pro Jahr auch zwölf Stipendien für Auslandsaufenthalte.

● Der Arbeitskreis gemeinnütziger Jugendaustausch-Organisationen in Deutschland AJA (www.aja-org.de) setzt sich für Austauschprogramme für 15- bis 18-Jährige ein und bietet weiterführende Links zu seinen Mitgliedern. Zur AJA gehört unter anderem der weltweit größte Jugendaustauschdienst AFS (www.afs.de), der auch Stipendien vergibt. Die Kosten für ein Schuljahr an einer weiterführenden Schule inklusive Anreise, Unterbringung bei einer Gastfamilie sowie Betreuung vor Ort betragen je nach Land zwischen 4850 und 9950 Euro.

● Die Carl-Duisberg-Centren, ein gemeinnütziger Dienstleister auf dem Gebiet

internationaler Bildung, organisiert ebenfalls Schüleraustauschprogramme: www.cdc.de.

● Das Deutsche Youth For Understanding Komitee e. V. (www.yfu.de) ist ein gemeinnütziger Verein, der für viele Länder der Welt Schüleraustausch anbietet.

● Das American Institute for Foreign Study bietet Austauschprogramme für Highschools sowie Sprachreisen unter anderem für Kanada und die USA: www.aifs.de.

● Private Organisationen wie EF Sprachreisen (www.ef.com), TravelWorks (www.schueleraustausch-international.de) oder Stepin Student Travel & Education Programmes International (www.stepin.de) bieten Schüleraustauschprogramme meist ab der 10. Klasse mit öffentlichen und privaten Schulen in vielen Staaten.

● Die Plattform www.ausgetauscht.de bietet Schülern, Eltern und Lehrern die Möglichkeit, sich gegenseitig über das Thema Schüleraustausch zu informieren.

● Der Pädagogische Austauschdienst der Kultusministerien www.kmk-pad.org bietet Informationen sowie eine Datenbank für Schulpartnerschaften in vielen Ländern der Welt an.

ZUM WEITERLESEN:

Thomas Terbeck: **Handbuch Fernweh. Der Ratgeber zum Schüleraustausch**. Mit übersichtlichen Preis-Leistungs-Tabellen von Highschool-Programmen für 18 Gastländer. Weltweiser 2009, 575 Seiten

INTERNATE IM AUSLAND

● Die Internetseite www.boarding-school-finder.com enthält ein Verzeichnis von Internaten weltweit (Adressen, Links zur Homepage etc.). Dazu Informationen zu kurzfristigen (drei Monate) und längerfristigen (zwei Jahre) Auslandsaufenthalten in vielen Staaten.

● Der private Anbieter INTEDU International Education (www.intedu.de) vermittelt Schulaufenthalte an privaten Internaten in den USA, Kanada, Neuseeland, Australien, Schweiz und in Großbritannien. ☐

Very british: Cornelius Holthöfer
musste an der Royal Grammar School
in Colchester Anzug tragen und
Krawatte anlegen. Über seine Eindrücke
berichtet er auf Seite 146

AUSLANDSSCHULJAHR

FREMDE LÄNDER, ANDERE SITTEN

Als Oke Alff in Neuseeland stoppelbärtig zur Schule
kam, überreichte ihm der Rektor einen Rasierer. Merle Schlupp
belegte in Irland das Fach »Toastmasters« und lernte,
Reden zu halten. Laura Meister lebte in Südafrika in einem
Schwarzenviertel. Doch eines cint alle Schüler: Die Zeit
fern von Zuhause hat sie reifer gemacht

VON DAVID MAUPILÉ (FOTOS) UND CHRISTIAN HEINRICH (PROTOKOLLE)

Japan

AJOKI KALO, 18,
KUMAMOTO-SCHULE, NAGASU

Fünf, sechs Worte Japanisch konnte ich sprechen,
als ich in Japan ankam. Meine Gasteltern werden sicher
ein wenig Englisch verstehen, dachte ich mir. Wie naiv
ich war! „How are you" war das Einzige, was sie an
Englisch beherrschten.

Langsam und nur mit viel Fleiß lernte ich die
Sprache während meines Jahres in Nagasu, einer Hafen-
stadt auf der südlichsten Hauptinsel des Landes.
Zum Glück hatte ich in der Schule noch zwei Stunden
pro Woche Privatunterricht. Auch meine drei Gast-
schwestern haben mich sehr unterstützt: Gingen wir
einkaufen, haben sie auf alles gedeutet und mir
gesagt, wie es heißt.

Dass der Unterricht komplett auf Japanisch war,
machte auch den Start an der privaten Mädchenschule
schwierig. Ich war pausenlos mit dem Nachschlagen
von Wörtern beschäftigt. Erst nach ein paar Monaten
habe ich vom Unterrichtsstoff etwas mitbekommen.
Auffällig an der Schule war, dass die Naturwissenschaften keine große Rolle spielten, ebenso wenig Erdkunde.
In der Regel ging es weniger um das Verstehen als in
Deutschland, man lernte vor allem für die Klausuren.
Auf Fächer wie Japanisch und Englisch legte die
Schule aber großen Wert.

Und auf Disziplin. Am Ende des Unterrichts, meist
gegen 16 Uhr, machten wir Schülerinnen unsere Klassenräume sauber. Jeden Tag. Immerhin startete der Morgen
sehr frei, mit einer halben Stunde Lesen. Das war eine
wunderbare Einstimmung in den Tag.

Die Lehrer gaben dann überwiegend Frontalunterricht, aber streng waren sie nicht. Das brauchten
sie auch nicht zu sein, denn sie gelten in Japan ohnehin
als Respektspersonen. Sie zeigen den Schülern durch
ihr Vorbild, wie man sich richtig verhält.

Die ausgeprägte Hierarchie habe ich auch in meiner
Gastfamilie kennengelernt, vier Generationen lebten
unter einem Dach. Heute sind sie so etwas wie meine
zweite Familie. „Du warst die beste große Schwester
und wirst es immer bleiben", sagten die Kinder mir zum
Abschied. Gerade weil ich keine Geschwister habe, war
das ein ganz besonderes Kompliment für mich.

KOSTEN:
9000 Euro für das Jahr, einschließlich Flug und Betreuung vor Ort
(vermittelt durch AFS Interkulturelle Begegnungen e. V.). Die Unterbringung war kostenlos, die Gasteltern trugen das Schulgeld.

»Ist London eine Stadt
oder ein Land«, fragte der
Erdkundelehrer die Klasse.
Die meisten Mitschülerinnen
von Ajoki Kalo wussten
die Antwort nicht. Wichtiger
waren an der Mädchen-
schule die Fächer Englisch
und Japanisch

Weil Laura Meister sich
bei ihrer südafrikanischen
Gastfamilie nicht wohlfühlte,
zog sie zu einer ihrer Lehrerinnen. Und stellte fest,
dass das Eintauchen in eine
fremde Kultur ihr deutlich
mehr gebracht hat als aller
Unterrichtsstoff

Südafrika

**LAURA MEISTER, 19,
OAKHILL SCHOOL KNYSNA**

Die Oakhill-Schule in dem kleinen Städtchen Knysna am Indischen Ozean sei eine gemischte Schule, hieß es. Aber letztlich gab es an ihr nur sieben schwarze Kinder, alle anderen waren Weiße wie ich. Die Gebühren für diese Privatschule konnten sich eben nur wenige leisten. Echte Freundschaften hatte ich trotzdem eher mit den „coloured", jenen Farbigen, die nicht ganz weiß, aber auch nicht ganz schwarz sind.

Das fing schon mit dem Wohnen an: Ich war anfangs bei der Familie des Direktors untergebracht, aber sie hatten schon ein Waisenkind und einen Flüchtling aus Simbabwe aufgenommen, die ihre Zeit und Aufmerksamkeit brauchten – da kam ich mir verloren vor. Nach wenigen Wochen zog ich in ein Schwarzenviertel, zu meiner Mathelehrerin Juliet. Dort war ich glücklich. Da ich die einzige Weiße in dieser Gegend war, sorgte das anfangs für Aufsehen. Aber alle sprachen Englisch, und so lernten wir uns kennen. Die Leute gewöhnten sich schnell an mich – und ich mich an sie.

Doch vieles kannte ich von Deutschland so nicht. Einmal etwa war ich allein zu Hause und saß im Wohnzimmer, da kam ein fremder Mann herein, grüßte, bediente sich am Kühlschrank und setzte sich vor den Fernseher. Bald begriff ich, dass das ein vollkommen normales Verhalten unter Nachbarn ist, er wohnte am anderen Ende der Siedlung. Die Türen wurden nie abgeschlossen, Kriminalität gab es dort kaum.

Die Nähe und das Vertrauen erlebte ich auch in der Schule. Die Lehrer waren nicht distanziert, sondern freundschaftlich. Bei manchen Schülern nahmen sie sich mehrere Stunden Zeit, um ihnen persönlich noch einmal zu erklären, was die nicht verstanden hatten. Und die Lehrer sahen immer eher das Positive in den Schülern, ihr Potenzial. Von der Bestätigung, die ich dort erfahren habe, zehre ich noch heute.

Das Niveau des Stoffes war zwar ähnlich wie in Deutschland, aber als ich zurückkam, habe ich die 11. Klasse zur Sicherheit trotzdem wiederholt. Doch das war es tausendfach wert. Ich habe meinen Horizont erweitert und bin selbstbewusster geworden. In den neun Monaten in Südafrika hatte ich manchmal Sehnsucht nach Deutschland, heute geht es mir andersherum. Bald werde ich wieder hinfliegen und alle besuchen.

KOSTEN:
Monatlich 493 Euro Schulgeld und 200 Euro
Unterbringung; privat organisiert.

Die amerikanische Lebensart sowie der »School spirit« und der große persönliche Einsatz der Lehrer haben Maya Markwald imponiert. Fachlich aber war sie ihren Mitschülern zum Teil deutlich voraus

SERVED HERE

USA

MAYA MARKWALD, 18, OSKALOOSA HIGH SCHOOL

Ja, es stimmt: Die Menschen in den USA sind wahnsinnig freundlich – aber warum bezeichnet man so etwas hierzulande immer als oberflächlich? Wenn man zum Beispiel in der Schule gegrüßt und angelächelt wird, obwohl das Gegenüber einen nicht kennt, dann ist das einfach schön, man fühlt sich willkommen.

So ging es mir von Anfang an während meines Schuljahrs in Oskaloosa im US-Bundesstaat Iowa, einem Städtchen mit 10 000 Einwohnern. Meine Gastschwester war im gleichen Alter, bald waren ihre Freundinnen auch meine Freundinnen, ich spielte Klarinette in der Schulband und vertrat die Schule auf Wettbewerben.

In den USA gibt es eine Art „School spirit": Man ist stolz auf seine Schule und identifiziert sich sehr mit ihr. Die Lehrer sind oft vor und nach dem Unterricht noch da, sie erkundigen sich, ob man den Stoff verstanden hat, und man kann jederzeit zu ihnen gehen – es ist viel persönlicher als in Deutschland. Die Lehrer hatten allerdings auch mehr Zeit für uns, denn statt langer Klausuren gab es meist Multiple-Choice-Tests.

Oft war der Unterricht auch anschaulicher als in Deutschland. In Biologie war eine Stunde in der Woche nur für Versuche reserviert. Trotzdem war der Unterricht insgesamt schlechter, und der Highschool-Abschluss ist längst nicht vergleichbar mit dem Abitur. In Mathe war ich meinen Mitschülern um Jahre voraus, und auf Französisch konnten manche auch nach zwei Jahren Unterricht nur „Bonjour" und „Baguette" sagen.

Weil damals gerade der Vorwahlkampf zur Präsidentschaftswahl tobte, habe ich auch Veranstaltungen mit Hillary Clinton und Barack Obama besucht. Bei Diskussionen unter Freundinnen war ich aber oft fassungslos. „Ich glaube, dass Krieg eine Lösung ist", sagte eine zu mir, und für eine andere war Sex vor der Ehe absolut tabu. Aber ich konnte auch solche Meinungen respektieren und akzeptieren – denn ich hatte die Menschen dahinter kennengelernt. Ich glaube, ich bin offener und auch empathischer geworden.

In diesem Sommer war ich für vier Wochen wieder in Oskaloosa und habe alle wiedergesehen.

KOSTEN:
Der Aufenthalt wurde durch ein Stipendium des Parlamentarischen Patenschafts-Programms des Deutschen Bundestages vermittelt; die Schule und die Unterkunft bei den Gasteltern waren kostenfrei.

Ohne dass ihn Lehrer spielen gesehen hatten, beriefen sie Oke Alff sogleich in die Mannschaft seiner neuseeländischen Schule. Als Hockeyspieler aus Deutschland stand er von Anfang an in hohem Ansehen

Neuseeland

OKE ALFF, 17,
WHANGAREI BOYS' HIGH SCHOOL

Im kalten Winter stieg ich in Deutschland ins Flugzeug, im brütend heißen Sommer kam ich am anderen Ende der Welt in Neuseeland an. Ein Jahr sollte ich in Whangarei, einer Stadt auf der Nordinsel, bei einer alleinerziehenden Mutter wohnen und in die Boys' High School gehen. Ich hatte mir vorgenommen, in der Zeit vor allem zwei Dinge zu tun: Englisch lernen und viel Hockey spielen.

In Deutschland war ich in der 10. Klasse, in Whangarei wurde ich in die 12. Klasse eingestuft, weil dort die Kinder früher eingeschult werden. Alle Schüler dort haben nur sechs Fächer im Jahr. Die kann man sich selbst aus mehr als 20 Gebieten zum Teil frei wählen: darunter klassische Fächer wie Chemie und Englisch, aber auch sehr spezielle wie Webdesign oder Autotechnik.

Mir liegen Naturwissenschaften, so wählte ich Mathe und Physik, und natürlich Englisch. Für die Allgemeinbildung ist die Auswahl so weniger Fächer sicher nicht so gut. Aber dafür konnten wir den Stoff sehr ausführlich durchnehmen, ich hatte zum Beispiel jeden Tag Physik. Ich fand das richtig gut, man freut sich einfach mehr auf den Unterricht, und fast alle Schüler sind motiviert.

Geärgert haben mich die Schuluniform und die damit verbundenen Vorschriften. Alle sollten einheitlich aussehen, verrückte Frisuren oder Haarfärbungen waren verboten, Jungs mussten immer rasiert sein. War das einmal nicht der Fall, ließ der Schulleiter einen zu sich rufen und verteilte Einmalrasierer. Selbst wenn das Hemd nicht in der Hose steckte, hieß es: zum Schulleiter. Mich kannte er bald beim Namen.

Der Unterricht selbst ist weniger streng. Es gibt keine mündlichen Noten und keine Klausuren während des Schuljahres. Erst am Ende werden die großen Arbeiten geschrieben, davor büffelt man mehrere Wochen ziemlich hart. Ich wollte unbedingt das dortige Abitur schaffen, und am Ende habe ich das auch erreicht.

In Deutschland gehe ich jetzt in die 12. Klasse, ich habe ein Jahr gewonnen. In manchen Bereichen habe ich kleine Lücken, aber dafür kann ich mich in Chemie und Mathematik sogar zurücklehnen, weil ich den Stoff schon kenne.

KOSTEN:
Monatlich 950 Euro für Schule und Unterkunft.
Vermittlung durch die Agentur Hausch & Partner.

Irland kannte Merle Schlupp
schon von Familienurlauben. Dann
entdeckte sie im Internet ein
College dort, kam für ein ganzes
Jahr – und blieb: um auch ihren
Abschluss zu machen

Irland

MERLE SCHLUPP, 15,
ROCKWELL COLLEGE, CASHEL

Saftige Wiesen weit und breit, Schafe und Kühe vor
der Haustür, die nächsten Nachbarn wohnen am Horizont. Das Haus meiner Gastfamilie lag abgeschieden
zwischen zwei winzigen Orten im Süden Irlands. Einsam
fühlte ich mich aber nie: Da gab es die Gasteltern,
die sich rührend um mich kümmerten, sowie ihre
drei Söhne und zwei weitere Gastschüler.

Über das Internet hatte ich mir ein Jahr zuvor meine
Schule, das Rockwell College, selbst herausgesucht und
mich dort beworben. Ich kannte Irland von Urlauben,
aber ein Jahr dort auf dem Land zu leben, war etwas
ganz anderes. Mit einer Handvoll Schülern aus der Umgebung war ich auf einen winzigen Schulbus angewiesen, der uns nach Cashel zum College brachte. Der
Busfahrer kannte jeden Einzelnen von uns.

Das Rockwell College ist eine private Ganztags-
schule, Unterricht gibt es bis spät am Nachmittag.
Ich besuchte die 10. Klasse und hatte 17 verschiedene
Fächer! Darunter auch solche, die die Lehrer selbst
konzipiert haben, zum Beispiel „Toastmasters":
Da lernt man, in der Öffentlichkeit zu sprechen und
Reden zu schreiben.

Die Anforderungen waren meist nicht so hoch wie
in Deutschland, ich musste eher aus eigenem Antrieb
arbeiten. Aber ich habe trotzdem das Gefühl, mehr
gelernt zu haben. Denn die Schulstunden machten mehr
Spaß, und der Zusammenhalt in der Klasse war größer,
weil wir den ganzen Tag miteinander verbracht haben.

Am späten Nachmittag gingen wir von Viertel
vor sechs bis Viertel nach acht noch einmal alle in die
Versammlungshalle zum „study". Dort saß jeder an
seinem Platz und machte Hausaufgaben, schrieb Aufsätze, lernte. Es war eine ganz besondere Atmosphäre:
ein Lehrer, 150 Schüler, keiner schwätzte, nur das
Rascheln der Papiere war zu hören. Mir blieb gar nichts
anderes übrig, als zu arbeiten. So habe ich zum
ersten Mal wirklich das Lernen gelernt.

Schon nach wenigen Wochen konnte ich mir
kaum noch vorstellen, in Deutschland zur Schule zu
gehen. Und das muss ich jetzt auch nicht mehr. Ich
bin nach meinem Jahr einfach geblieben. Heute gehe
ich in Irland in die 11. Klasse, in zwei Jahren werde
ich hier das irische Abitur machen.

KOSTEN:
Monatlich 1400 Euro für Schulgeld und Unterbringung.
Vermittlung: privat.

Finnland

JOHANNA STIEFVATER, 19, LYSEONPUISTO-OBERSCHULE, ROVANIEMI

Es war mein großes Glück, dass ich in Finnland bei einer Familie mit vier Kindern wohnte: Die jüngste Tochter war so alt wie ich, durch sie bin ich direkt in eine Clique gerutscht. Sonst wäre es in der 10. Klasse dort schwer gewesen, Anschluss zu finden. Denn die Finnen habe ich als eher leise und zurückhaltend, meist auch etwas verschlossen erlebt.

Auch im Unterricht ging es ruhig und kontrolliert zu. Viele Einzeltische, überraschend viel Frontalunterricht. Schüler wurden kaum nach ihrer Meinung gefragt, und der Lehrer zog einfach seinen Unterricht durch. Finnisch habe ich versucht zu lernen, aber wirklich sprechen konnte ich es nach dem Jahr noch nicht. Zum Glück war die Unterrichtssprache Englisch.

In der Schule fühlte ich mich trotz des konservativen Unterrichts sehr wohl. Die Schüler hatten ein gutes Verhältnis zu den Lehrern, nannten sie beim Vornamen oder einfach „ope" – die Kurzform von „opettaja", Lehrer. Jeder Morgen begann mit einer Begrüßung durch den Schulleiter, es wurde gemeinsam gebetet und gesungen, die Schüler trugen Gedichte oder Musikstücke vor.

Die Schule war viel besser ausgestattet, als ich es aus Deutschland kenne: In jedem Klassenraum stand ein Beamer, die Tafeln waren riesig, und wir konnten viele Computer mit Internetzugang nutzen, auch außerhalb der Unterrichtszeiten.

Aber ich glaube, es liegt an etwas anderem, dass Finnland bei PISA immer so erfolgreich ist: Die Atmosphäre ist eine andere, man hat das Gefühl, in die Schule „eingebettet" zu sein. Die Jugendlichen haben eine völlig andere Einstellung zur Schule; man lernt gern, und es ist selbstverständlich, etwa freiwillig daheim noch Aufsätze für die nächsten Tage zu schreiben.

Sonst gab es nicht viel zu tun für Jugendliche. Ich war in Rovaniemi, einer Stadt nahe am Polarkreis. Beeindruckt hat mich besonders die Natur – ich habe dort eine ganz neue Art von Stille erlebt und einiges über mich selbst erfahren.

In Deutschland bin ich anschließend direkt auf eine andere Schule gegangen. Ich wollte die Veränderungen, die ich in Finnland erlebt hatte, nicht abreißen lassen.

KOSTEN:
Monatlich 400 Euro für Unterbringung, kein Schulgeld. Vermittlung durch die Organisation „Youth For Understanding".

Viel Auswendiglernen, viel Frontalunterricht: Johanna Stiefvater besuchte in Finnland eine Schule, die so gar nicht zu einem PISA-Siegerland zu passen schien

FRÜH FÖRDERN, SPÄT TRENNEN

Vor scheinbaren Patentrezepten ist zu warnen.
Dennoch zeichnen sich erfolgreiche Bildungssysteme
durch Gemeinsamkeiten aus: individuelle Betreuung statt
Auslese und viel Eigenverantwortung für die Schulen

VON GESA GOTTSCHALK

Hundert Jahre lang hatte ihr Schulsystem Bestand. Dann machten sich die Finnen daran, es gründlich umzukrempeln. Ihr Land wandelte sich, immer mehr Menschen zogen in die Stadt. Ihnen war klar, dass es bald kaum noch Stellen für ungelernte Arbeiter geben würde. Und so formulierte das Parlament 1963 ein parteiübergreifendes Ziel: Jeder Finne sollte mindestens den Mittelschulabschluss erreichen. Das war der Beginn einer Reform, die zwei Jahrzehnte brauchen würde, bis sie umgesetzt war.

Fünf Jahre später, 1968, verabschiedeten die Niederlande nach einer langen Diskussion über Chancengleichheit in den Schulen ihr *mammoetwet*, ihr Mammutgesetz. Es erleichterte den Wechsel zwischen den verschiedenen weiterführenden Schulen.

Und in Kanada wurden in den 1980er Jahren die Stimmen jener Kritiker immer lauter, die niedrige akademische Standards beklagten sowie die uneinheitlichen Schulsysteme in den Bundesstaaten. Bis Ende der 1990er Jahre reformierte auch dieses Land sein Bildungswesen.

Dann, im Jahr 2000, testete die „Organisation für wirtschaftliche Zusammenarbeit und Entwicklung" (OECD) weltweit 15-jährige Schüler auf ihre Fähigkeiten in Lesen, Mathematik und Naturwissenschaften. Als die Ergebnisse der ersten PISA-Studie bekannt wurden, stand Deutschland unter Schock. Finnland, Kanada, Japan und Südkorea aber belegten Spitzenplätze.

Was verbirgt sich hinter den Reformanstrengungen der Länder? Wie schaffen die es, so gut zu sein? Systematisch hat sich das Deutsche Institut für Internationale Pädagogische Forschung mit solchen Fragen beschäftigt. Die Studienautoren analysierten im Auftrag des Bundesbildungsministeriums sechs Länder, die bei PISA geglänzt haben – nicht Spitzenreiter wie Südkorea oder Japan, wo Kinder unter einem enormen Konkurrenzdruck stehen, sondern die besser vergleichbaren westlichen Staaten Frankreich, England, Schweden, Finnland, Kanada und die Niederlande.

Die Wissenschaftler warnen vor zu schnellen Schlussfolgerungen und einfachen Rezepten. Aber einige Dinge machen alle erfolgreichen Länder auffallend anders als Deutschland.

Zum einen geben sie den Schulleitern Eigenverantwortung, die über die Organisation einer Projektwoche weit hinausgeht: In der kanadischen Provinz Alberta etwa erhält jede Schule pro Kind und Jahr 4000 kanadische Dollar – für jeden Schüler mit „speziellen Bedürfnissen", also erhöhtem Förderbedarf, gar 7000 Dollar.

Über die Verwendung des Geldes entscheiden die Schulleiter – anders als etwa die deutschen Rektoren – weitgehend autonom. Sie können mehr Lehrer einstellen, Materialien, Projekte oder Fortbildungen finanzieren.

In Kanada wie in anderen Ländern mit großer Schulautonomie sind die Kinder ihren deutschen Altersgenossen zum Beispiel in den Naturwissenschaften etwa ein halbes Jahr voraus. Wohl auch, weil die eigenverantwortlichen Schulen Rechenschaft ablegen und die Schüler an nationalen Tests teilnehmen. Dies scheine, so die Autoren der Studie, „Voraussetzung für den Erfolg einer stärkeren Autonomie zu sein".

Zum anderen haben Länder wie Kanada, Finnland und die Niederlande früh verstanden, dass die Kinder von Migranten besondere Herausforderungen meistern müssen. Deshalb bereitet Finnland Einwandererkinder sechs Monate lang in Kleingruppen auf die Schule vor. In Fächern wie Kunst oder

Migrantenkinder haben es in Deutschland schwer – in Finnland und Kanada schneiden sie dagegen besser ab als der PISA-Durchschnitt

Sport aber, in denen es nicht so sehr auf sprachliche Fähigkeiten ankommt, lernen sie bereits mit ihren Klassenkameraden gemeinsam.

In allen drei Ländern erhalten Migrantenkinder zusätzlichen Unterricht in ihrer Muttersprache. Kanadische Schulen stellen sogar sudanesische oder somalische Hilfslehrer ein. Auch das scheinen die PISA-Sieger gemein zu haben – sie schätzen kulturelle Vielfalt.

Das zeigt Erfolg: Zwar haben es Einwandererkinder weltweit schwer in der Schule. Doch während laut PISA in Deutschland die 15-Jährigen aus Migrantenfamilien bis zu drei Jahre hinter ihren deutschstämmigen Mitschülern zurückliegen, sind ausländische Kinder

Großbritannien

CORNELIUS HOLTHÖFER, 19, COLCHESTER ROYAL GRAMMAR SCHOOL

Acht Monate! Am ersten Tag meiner Zeit in Colchester, einer Stadt nordöstlich von London, kam mir das erdrückend lang vor. Ich war in einem kleinen Zimmer untergebracht, bei einer Gastfamilie, deren Kinder nicht mehr zu Hause wohnten.

Meine Gasteltern fragten zwar oft, wie es mir geht, und die Mutter kochte sogar das, was ich mochte. Aber bald merkte ich, dass sie mich nur wegen des Geldes zu sich genommen hatten. Sie wollten zwar, dass ich zufrieden war, aber auch ihre Ruhe haben: Gespräche führten wir allenfalls beim Essen, Interesse an mir hatten sie wenig. Das Radio lief den ganzen Tag, und abends das Fernsehgerät. Ich habe mich eher als Gast gefühlt, nicht als Teil einer Familie.

In der Schule war es besser: Ich war schnell integriert in der 11. Klasse – so als wäre ich schon immer dort zur Schule gegangen. Man hört ja oft, viele Engländer würden die Deutschen nicht mögen, aber das stimmt nicht. Die Mitschüler waren von Anfang an sehr offen und neugierig, ich habe auch schnell gute Freunde gefunden.

An der Schule ging es viel disziplinierter zu als in Deutschland. Jeden Morgen musste man sich beim Tutor anmelden, im Unterricht herrschte Ruhe, und der Stoff wurde straffer durchgenommen. Der Statusunterschied zwischen Lehrern und Schülern war immer deutlich zu spüren.

Diskussionen und Meinungsaustausch gab es wenig, meist ging es einfach darum, einen Sachverhalt richtig wiederzugeben, ob in Geschichte oder in Englisch. Das regt nicht zum selbstständigen Denken an, aber vom Stoff her habe ich das Gefühl, mehr gelernt zu haben als in Deutschland. Und jeden Freitag hielt der Rektor eine Ansprache, in der er auch Erfolge ehrte, etwa bei Cricket-Turnieren.

Bevor ich nach England ging, war ich ein durchschnittlicher Schüler, als ich zurückkam, hatte ich hier plötzlich hervorragende Noten. Mit dem Abi, das ich in diesem Jahr abgeschlossen habe, kann ich mir jetzt frei aussuchen, was ich wo studieren will.

KOSTEN:
Monatlich etwa 700 Euro für Unterbringung, kein Schulgeld. Vermittlung durch eine private Agentur (Barnes Educational Service)

Die Schule in Colchester, die Cornelius Holthöfer acht Monate besucht hat, gilt als eine der besten nicht privaten Schulen Englands

in Kanada und Finnland noch immer besser als der OECD-Durchschnitt aller Kinder. Kritiker wenden ein, derart günstige Werte seien vor allem darauf zurückzuführen, dass Kanada schon bei der Einwanderung darauf achte, nur gebildete Neubürger ins Land zu lassen; und Finnlands Einwanderer stammten meist aus europäischen Ländern.

Tatsächlich aber gibt es inzwischen auch in Finnland Schulen mit höherem Anteil an Kindern aus der Türkei, Russland oder Somalia, verzeichnet die Statistik in Kanada Einwandererkinder ohne elterlichen Rückhalt und Schulen, die in armen Vierteln mit Bandenkriegen liegen.

Und noch etwas eint finnische und kanadische Pädagogen. Sie fördern früher und trennen später. Mit anderen Worten: Sie lehren zugleich arme wie reiche Kinder, schnelle wie langsame Rechner, selbst Schüler mit Behinderungen, ohne dass einer weit zurückbleibt. Es geht ihnen nicht darum, Schüler auszusortieren. Sondern jeden Einzelnen zur Leistung anzuspornen. „We believe, kids achieve!", lautet ein kanadisches Motto.

Niemand käme etwa in Finnland auf die Idee, Kinder bereits mit zehn Jahren auf eine festgelegte Laufbahn zu setzen: der eine auf die Universität, der andere in die Lehre. Stattdessen lernen finnische Kinder neun Jahre lang zusammen in der *peruskoulu*. Diese Grundschule ist eine echte Gesamtschule. Erst in der Oberstufe gehen die Schüler unterschiedliche Wege, auf eine allgemeinbildende oder eine berufliche Schule.

Das Ergebnis: Welche Schule sie besuchten, beeinflusst die Leistung der finnischen 15-Jährigen offenbar kaum. In Deutschland dagegen lassen sich zwei Drittel der Leistungsunterschiede auf die Wahl der Schule zurückführen.

Auch Kanada lässt seine Schüler gemeinsam lernen, bis sie 16 Jahre alt sind. In beiden Ländern spielt der soziale Status der Eltern nur eine kleine Rolle beim schulischen Erfolg der Kinder. In Deutschland dagegen macht dieser „sozioökonomische Hintergrund" 19 Prozent der Leistungsunterschiede aus – fast fünf Prozentpunkte mehr als im OECD-Durchschnitt.

Dass auch ein Schulsystem erfolgreich sein kann, das Schüler früh trennt, zeigen die Niederlande. Doch werden die Kinder dort deutlich früher eingeschult als in Deutschland. Seit den 1980er Jahren sind Grundschule und Kindergarten zur *basisschool* zusammengelegt – die meisten Kinder besuchen sie schon mit vier Jahren. Der Unterricht folgt keinem starren Plan, jedes Kind darf in seinem Tempo arbeiten. Wer dennoch den Anschluss verliert, bekommt Einzelunterricht.

Die Klasse nicht mehr als Masse, sondern als Gruppe von einzelnen Talenten wahrzunehmen, verlangt viel von einem Lehrer. Und auch da, bei der Aus- und Weiterbildung, gehören die Niederlande, Kanada und Finnland zu den PISA-Vorbildern – und Deutschland zu den Problemländern (siehe auch Seite 64).

Das zeigt sich etwa auf den Fragebögen, die alle PISA-Teilnehmer erhielten. Darauf wurden die Schüler auch nach dem Verhältnis zu ihren Lehrern gefragt. „In keinem der anderen Vergleichsländer fühlen sich Schülerinnen und Schüler von ihren Lehrenden so wenig unterstützt wie in Deutschland", resümierten die Autoren der Studie für das Bundesbildungsministerium.

Der PISA-Schock hat Deutschland wohl auch deshalb so hart getroffen, weil derartige Untersuchungen hierzulande nicht üblich waren. Die PISA-Siegerländer dagegen testen ihre Schulen schon seit vielen Jahren. Die große Autonomie der jeweiligen Schulen wird also verbunden mit regelmäßiger Kontrolle.

Deutschland wird seinen eigenen Weg zu einem besseren Schulsystem gehen müssen, zumal Länder wie Finnland und Kanada einen nicht mehr

wettzumachenden Vorteil haben: Deren Bildungsreformen waren von einer breiten politischen und gesellschaftlichen Mehrheit getragen. Im homogenen Finnland mit seinen nur 5,3 Millionen Einwohnern ebenso wie im riesigen, föderalen Kanada. Im Parlament von Helsinki bildete sich in den 1950er und 1960er Jahren eine Koalition zwischen der Linken, Teilen der Zentrumspartei und der Konservativen, um die große Reform durchzusetzen. In Kanada gaben die meisten Bundesstaaten Kompetenzen an die Zentralregierung ab, um die Systeme zu vereinheitlichen.

Solange sich also die Bundesländer und die großen Parteien nicht einigen können, wie deutsche Schulen aussehen sollen, nützt auch der Blick über den Zaun nicht allzu viel. □

Gesa Gottschalk, 28, ist Journalistin in Hamburg. **David Maupilé**, 29, hat die Schüler an Orten in Norddeutschland fotografiert, die sie an ihr Gastland erinnern. Die Protokolle hat **Dr. Christian Heinrich**, 30, verfasst.

Der KAMPF ums Curri

Mit dem G8-Abitur bereits nach acht Schuljahren müssen die Gymnasiasten
nun mehr Stoff in weniger Zeit lernen. Was läge da näher, als die Vorgaben aus den
Kultusministerien hier und da etwas einzukürzen?

VON FENJA MENS (TEXT) UND DANIEL MATZENBACHER (ILLUSTRATION)

Ginge es nach manchen Hochschullehrern, Politikern und Lobbyisten, dann müsste ein Schultag nicht sechs oder acht Stunden dauern, sondern 18 Stunden.

Die Zahl der Vorschläge, was Schüler zusätzlich zu ABC und Einmaleins lernen sollten, wirkt schier grenzenlos: Diätberater möchten das Thema Ernährung in die Lehrpläne hineinschreiben; Wirtschaftsverbände fordern ein Pflichtfach Ökonomie; der Deutsche Wetterdienst rät zur Klimaerziehung; und die Bundesdrogenbeauftragte schlägt angesichts des sich ausbreitenden Komasaufens vor, das Fach „Well-being" in die Stundenpläne aufzunehmen.

Zwar mögen manche dieser Anliegen sinnvoll sein, doch seit der Einführung des Abiturs nach acht Jahren stöhnen Schüler und Lehrer ohnehin schon über die Stofffülle. Denn die Kultusminister haben die Schulzeit um ein Jahr reduziert – Stoffumfang und Stundenzahl sind jedoch bis auf wenige Ausnahmen gleich geblieben.

Zudem bekommen die Schüler nicht selten ein Detailwissen vermittelt, das nach Ansicht mancher Lernforscher eher an der Universität gelehrt werden sollte: So lesen Oberstufenschüler in Berlin mitunter ein halbes Jahr lang Shakespeare im Original, und im Französischunterricht der Klasse 9 in Bayern

lassen Lehrer das Passé simple pauken, als würde jenseits des Rheins noch wie zu Zeiten des Sonnenkönigs parliert.

Was läge da näher, als mit dem Rotstift durch die Lehrpläne zu gehen? Doch das ist offenbar ein naiver Ansatz.

Da jedes Bundesland eigene Vorstellungen über den richtigen Lehrplan hat, existieren unzählige nebeneinander. Selbst wer nur Details kürzen möchte, „erntet sofort Kritik der Fachvertreter", klagt Thomas Lillig, der Vorsitzende der Bayerischen Landeselternvereinigung.

Pädagogen wie Josef Kraus, der Präsident des Deutschen Lehrerverbandes, wettern in einem solchen Fall gern, Lehrpläne dürften „nicht zu Leerplänen" werden. Und gegen die Experten in den Ministerien lässt sich ohnehin kaum eine Änderung durchsetzen.

Die Lehrpläne werden von Instituten erstellt, die dem jeweiligen Kultusminis-

Bedeutet eine Straffung den Untergang des Abendlandes?

terium nachgeordnet sind. „Dort arbeiten Referenten für die einzelnen Fächer, allesamt ausgebildete Studienräte", erläutert der Elternvertreter Thomas Lillig. „Gemeinsam mit Fachvertretern entwerfen sie den Lehrplan. Im Kultusministerium schaut dann ein Referent, auch er vom Fach, noch einmal drüber, dann geht er zur Unterschrift an den

Minister – der sich aber mit den Inhalten nicht auskennt – und von dort ins Amtsblatt. Der Prozess ist weder transparent noch demokratisch legitimiert."

Wie sehr manche Studienräte an Inhalten festhalten, mussten die Beamten des hessischen Kultusministeriums feststellen. Sie baten Lehrer um Tipps, was sich streichen ließe. Mehr als 500 Antworten kamen zusammen, darunter viele brauchbare Vorschläge – aber es gab eben auch negative Reaktionen: „Immer wieder wurde eingewandt, solche Kürzungen würden in die Grundfesten des Faches eingreifen", so der zuständige Ministerialrat Friedrich Janko. „Manchmal erreichten uns sogar Vorschläge, was wir noch *zusätzlich* in die Lehrpläne aufnehmen sollten."

In Bayern brachte erst das Gutachten eines unabhängigen Instituts die Landesregierung zum Handeln. Die Expertise kam zu dem Schluss, dass in den bayerischen Gymnasiallehrplänen fast überall zu viel Wert auf reine Faktenvermittlung gelegt werde, und zu wenig darauf, wie Wissen erworben und kritisch bewertet werden kann. Inzwischen gibt es in Bayern einen Lehrplanbeirat, in dem auch Schüler und Eltern sitzen und der darüber debattiert, was die Schüler künftig lernen sollen.

Bis dieser Prozess abgeschlossen ist, werden aber noch Jahre vergehen. Das gilt auch für jene Reformen, die die Kultusministerkonferenz angestoßen hat. Um „nationalen Bildungsstandards"

culum

Wie viel neues Wissen in kurzer
Zeit verträgt ein Kind?

menlehrpläne für die Sekundarstufe II entwickelt. Einer der Schwerpunkte liegt auf fachübergreifenden Fähigkeiten. „Die Schüler müssen auch lernen, wie sie Wissen in Handeln umsetzen", sagt Elke Dragendorf, Referatsleiterin bei der Berliner Senatsverwaltung.

So zählte der Englischlehrplan der gymnasialen Oberstufe früher eine lange Liste literarischer Werke auf, aus der Lehrer eine bestimmte Anzahl zur Lektüre auswählen mussten.

„Heute gibt es stattdessen verbindliche Themenfelder, wie zum Beispiel ‚nationale und kulturelle Identität', die in mehreren Unterrichtsfächern aufgegriffen werden", so Elke Dragendorf. „Die Lehrer müssen untereinander klären, welche Aspekte des jeweiligen Themas wo vorkommen. Und sie können selbst entscheiden, welche Autoren sie nehmen."

Viele Pädagogen reagierten zunächst mit Widerstand auf diese Änderungen, manche hatten auch Angst, weil sie sich für die neuen Anforderungen nicht gewappnet fühlten. Mittlerweile aber seien die Rückmeldungen positiv, so Elke Dragendorf.

Wie wichtig es ist, die Lehrer an den Veränderungen zu beteiligen, zeigt die Klaus-Groth-Schule in Neumünster. Das Gymnasium stellte 2001 auf das Abitur nach acht Jahren um. Fach für Fach diskutierten die Lehrer, was sie streichen wollten. „Wir fragten uns jedes Mal: Was ist nützliches Wissen, was ist später noch wichtig? Und wo kann man enger kooperieren?", erinnert sich der Rektor Reinhard Rahner.

Es wurde gekürzt, komprimiert und zwischen Jahrgangsstufen hin- und hergeschoben. In Erdkunde sah der Plan in der 7. Klasse den Nahost-Konflikt vor. „Viel zu früh, außerdem kommt das Thema in der Oberstufe ausführlich vor", kommentiert die Fachlehrerin Christa Bode. „Das haben wir gestrichen. Und statt drei afrikanische Länder nehmen wir jetzt nur noch eines durch, das aber ausführlich."

Im vergangenen Sommer haben die ersten G8-Schüler gemeinsam mit dem letzten G9-Jahrgang die Abiturprüfung bestanden. Die einen waren nach dem verkürzten neuen Lehrplan unterrichtet worden, die anderen nach dem alten.

Leistungsunterschiede vermochte der Klaus-Groth-Rektor dennoch nicht festzustellen. „Wenn man mich fragen würde, welcher Schüler aus welchem Jahrgang stammt", sagt Reinhard Rahner – „ich könnte es nicht sagen." ☐

gerecht zu werden, müssen die Bundesländer ihre Lehrpläne nun durch „Kern-Curricula" ersetzen. Die beschreiben nur die Grundstruktur eines Fachs, alles Weitere bleibt den Schulen oder gar dem jeweiligen Lehrer überlassen.

Die Bundesländer Berlin, Mecklenburg-Vorpommern und Brandenburg haben bereits gemeinsam neue Rah-

INTERNAT

DIE GANZE WELT
IN EINEM SCHLOSS

Das St. Donats Castle in Wales hat sich ein besonderes
reformpädagogisches Ziel gesetzt: seine 350 Schüler aus 80 Nationen
zu sozial engagierten Weltbürgern zu erziehen

NICOLAS BÜCHSE (TEXT) UND MARCUS HÖHN (FOTOS)

Gewaltige Atlantikwellen krachen gegen die Klippen an der Küste. Wind reißt an den Bleiglasfenstern von St. Donats, einem mittelalterlichen walisischen Schloss mit Türmen und Zinnen, das an Harry Potters Hogwarts erinnert.

Eine größtenteils einspurige Straße führt in die nächste Ortschaft Llantwit Major, aber es gibt kaum einen Grund, dorthin zu fahren, es sei denn, man wohnt dort. Auf den Hügeln neben der Straße weiden Schafe, Krähen krächzen in den umliegenden Wäldern. Wolken versperren den Blick auf die gegenüberliegende englische Küste mit den Hügeln von Somerset.

Es lassen sich in Wales vermutlich nicht viele Orte finden, die weltentrückter wirken als St. Donats. Und so ist das Atlantic College – das Internat, das im

Schloss eingerichtet worden ist – ein idealer Ort zum Lernen und Nachdenken über die Probleme unseres Planeten.

MARIEKE WERNER hat in ihren letzten beiden Schulstunden diverse mathematische Probleme gelöst. Nun liegt eine ganz andere Herausforderung vor ihr. Die 17-jährige Hamburgerin sitzt auf ihrem Bett in einem gepflegt verschlampten Vierbettzimmer und überlegt, wie sie walisischen Demenzkranken das Lachen wiederbringen kann.

Was, wenn die Alten nicht mitmachen oder ihr Programm gar nicht mögen? Wird sie immer die richtigen Worte finden?

Und: Wie werden die Waliser auf eine Deutsche reagieren?

Morgen soll sie die Musiktherapie-Gruppe der Schule leiten und mit ihr ein Heim für Demenz-

Die Mauern sind
mehr als 800 Jahre
alt, die Schüler meist
nicht volljährig.
St. Donats gehört zu
einer weltweiten
Gruppe reformpäda-
gogischer Internate

Fatima, die von den Malediven kommt, bereitet sich auf ein Referat über Frauen im Islam vor. Rund 25 000 Bücher umfasst die Bibliothek des Internats

kranke besuchen. Sozialarbeit ist Pflicht am Atlantic College – wer ein Abschlussdiplom bekommen will, muss mindestens 200 Stunden erbracht haben. Die meisten Schüler hier aber leisten mehr. Freiwillig.

Drei Zettel beschreibt Marieke; zu Beginn will sie mit den Alten „You're my sunshine" singen, den Song kenne schließlich jeder. Dann notiert sie, wann sie Rasseln austeilen und was sie ansagen wird. Ihre Vorbereitungen sind so sorgsam, als ginge es darum, sich auf eine Klassenarbeit vorzubereiten.

Marieke Werner entspricht vermutlich dem Ideal einer Jugendlichen am Atlantic College: strebsam, weltoffen, sozial engagiert und voller Ideale. Eine Schülerin, für die der Dienst am Mitmenschen ebenso wichtig ist wie das Pauken für den eigenen Erfolg.

Das Gleiche gilt auch für die 19-jährige Happiness aus Kenia, die erst seit einigen Monaten schwimmen kann und nun schon dabei ist zu lernen, wie man Menschen aus Seenot rettet. Und für den Israeli Yared, 18, der hier ein Feindbild verlor und Freunde gewann.

Die drei gehören zu 350 Schülern aus fast 80 Nationen an diesem College – Jugendlichen aus höchst unterschiedlichen Kulturen, die aus höchst unterschiedlichen Gründen hierher an die raue walisische Küste gekommen sind. Die aber ein Wunsch vereint: nicht nur Karriere zu machen, sondern auch die Welt zu verändern. Sie allesamt sollen am Atlantic College nichts weniger werden als „Agenten des Wandels", so jedenfalls heißt es in den Schulzielen.

DAS ATLANTIC COLLEGE ist ein Elite-Internat mit alternativem Anspruch. Als es ins Leben gerufen wurde, waren die Gründerväter davon überzeugt, dass Erziehung zur Völkerverständigung beizutragen habe.

Es war vor allem der jüdische Reformpädagoge Kurt Hahn, 1933 aus Deutschland nach Schottland emigriert, der seit den 1950er Jahren beseelt war von der Idee, junge Menschen aus verschiedenen Nationen zusammenzubringen – die Welt also in einer Schule

Soziales Engagement ist hier Pflicht. Die Schüler, die beim Küstenrettungsdienst mithelfen, können Tag und Nacht zum Einsatz gerufen werden

zu vereinen und auf diese Weise die Feindseligkeiten des Kalten Krieges überwinden zu helfen.

Hahn hatte bereits 1920 das deutsche Internat Schloss Salem konzipiert und lieferte nun die entscheidenden Ideen für das kosmopolitische Schulkonzept des Atlantic College.

1962 stellte ein französischer Mäzen Kurt Hahn und seinen Mitstreitern das St. Donats Castle zur Verfügung, ein Schloss aus dem 12. Jahrhundert. Heute beherbergt das hochherrschaftliche Gemäuer einige der Unterrichtszimmer, die Bibliothek, einen Festsaal und die Kantine. Zudem sind vor dem Anwesen ein Bootsanleger, ein Schwimmbad sowie Schülerwohnheime und sogar eine kleine Farm mit Rindern und Schafen entstanden.

Das Atlantic College wurde die erste Schule einer weltumspannenden Gruppe von Internaten, der United World Colleges (UWC), die unter anderem in Singapur, Swasiland und Italien gegründet wurden, in den USA, Kanada, Hongkong und Venezuela, in Norwegen, Indien, Costa Rica und in Bosnien.

In insgesamt 13 Colleges leben derzeit mehr als 3000 Schüler aus mehr als 120 Nationen jeweils zwei Jahre lang zusammen. Die 16- bis 19-Jährigen erlangen am Ende das International Baccalaureate, eine Art Weltabitur, das von fast allen Universitäten anerkannt wird. Und nebenbei lernen sie in sozialen Diensten, einander zu vertrauen, also auch: international zu denken.

ZWEI SEEMEILEN vor der Küste steht Happiness, das Mädchen aus Kenia, in einem Boot und muss sich der nächsten Herausforderung stellen. Der Motor ist ausgefallen, Wellen schlagen gegen das Boot, das Meer schäumt.

Da hebt Happiness einen Arm, sie weiß, was zu tun ist. Die anderen fünf Schüler an Bord folgen ihrem Beispiel und zeigen so an, dass sie Hilfe brauchen. Ein Rettungsboot eilt herbei, die Schüler binden die Boote zusammen.

Übung erfolgreich beendet.

Kurz darauf steht Happiness mit Schutzhelm und Schwimmanzug in den früheren Stallungen des Schlosses und fährt mit der Hand über den Rohbau eines Rettungsbootes aus Fiberglas, das sie mit ihren Mitschülern gebaut hat. „Ist das nicht unglaublich? Vor einem Jahr habe ich zum ersten Mal das Meer gesehen, konnte nicht einmal schwimmen. Und jetzt leiste ich meine Sozialstunden beim britischen Küstenrettungsdienst", sagt sie mit warmer Stimme und breitem Lächeln. Gemeinsam mit anderen Schülern patrouilliert sie auf 20 Kilometern Küste und hilft, wenn Segler in Seenot geraten.

„Dankbar" sei sie für all die Chancen hier, und sie sagt es immer wieder, als

Mehr als 16 Schüler hat keine der Lerngruppen, oft sind es sogar weniger. Fast alle Lehrer leben auch auf dem Campus von St. Donats

könne sie nicht fassen, wie sich ihr Leben geändert hat. In Kenia saß die Tochter eines Beamten in einem überfüllten Schulraum in Thika nordöstlich von Nairobi. Sie drängte sich dort mit 65 Mitschülern und teilte sich mit drei anderen Mädchen ein Schulbuch.

Doch Happiness ist ehrgeizig und intelligent. Sie bewarb sich für ein Stipendium bei dem kenianischen Nationalkomitee der UWC. Diese Komitees gibt es in rund 120 Ländern; sie sammeln Geld, um Jugendlichen aus armen Familien eine Ausbildung zu ermöglichen.

Die meisten Bewerber erhalten zumindest ein Teilstipendium. Denn ein Jahr am Atlantic College kostet rund 25 000 Euro – so viel hätten Happiness' Eltern niemals aufbringen können.

Das Mädchen hörte in der Schule vom UWC und bewarb sich für den Aufnahmetest. Am Ende konkurrierte sie mit 50 Schülern um sieben Plätze. Sie musste einen Vortrag halten, debattieren und ihr Wissen in einem Test zeigen. Schließlich bekam sie als einziges Mädchen aus Kenia ein Stipendium.

Im September 2008 verließ sie ihre Heimat – und fror im walisischen Herbst, wie sie noch nie zuvor in ihrem Leben gefroren hatte. Sie teilt nun ihr Zimmer mit einer Deutschen, einer Engländerin und einer Koreanerin und hat sich von ihnen beibringen lassen, wie man einen Computer bedient.

Happiness lernt in Gruppen von höchstens 16 Schülern. Das Tempo in den Stunden ist hoch, die Lehrer legen großen Wert darauf, dass die Jugendlichen sich vieles selbst erarbeiten und eigene Ideen entwickeln. Happiness und ihre Mitschüler müssen häufig Vorträge halten und kleine Essays schreiben, die im Unterricht diskutiert werden.

Im Bootsraum von St. Donats steht eine selbstbewusste junge Frau voller Tatendrang, die sagt, dass sie am College gelernt habe, mit Menschen aus unterschiedlichen Kulturen zu diskutieren und Konflikte zu lösen. Davon wolle sie den Freunden in ihrem von Stammesfehden zerrissenen Heimatland erzählen, wenn sie zurückkehrt.

In den USA oder in Großbritannien möchte sie studieren und Ingenieurin werden und dann wieder nach Kenia gehen. „Mein Land braucht Frauen, die den Fortschritt vorantreiben und den Männern zeigen, dass sie auch was von Technik verstehen", sagt sie und lacht.

WER DIE GESCHICHTE von Happiness hört, könnte glauben, das Atlantic College sei so etwas wie ein „sozial gerechtes" Internat. Eine Eliteschule, die auch die Kinder der Armen aufnimmt. In der

nur die eigene Fähigkeit zählt und nicht das Vermögen der Eltern.

Doch in der Praxis fällt auf, dass beispielsweise in Nigeria erstaunlich viele Kinder von Regierungskadern die Aufnahmetests bestehen. Und dass die große Mehrheit der Schüler aus den reichen Teilen der Welt kommt.

Rektor Neil Richards weiß, wie schwer es ist, die Ideale Kurt Hahns im globalen Bildungsmarkt des 21. Jahrhunderts umzusetzen. Die Konkurrenz unter den Internaten ist hart, ein Kampf um Spenden, Gebührengelder und Schüler. Dabei muss sich das Atlantic College nicht verstecken: Bekannte Wissenschaftler, Politiker und Literaten gehören zu den ehemaligen Schülern, auch eine Astronautin.

Und jeden Herbst fliegt der niederländische Kronprinz und Pilot Willem-Alexander mit einer KLM-Maschine eine Ehrenrunde über seine ehemalige Schule, bevor er sie gemeinsam mit potenziellen Spendern besucht.

„Gern würden wir noch mehr Schüler aus armen Familien aufnehmen", sagt Rektor Richards in seinem Büro in einem der Schlosstürme und nippt an einer Tasse Tee. Er erzählt von einem Mädchen aus Chile, dass in seiner Heimat jahrelang Wasser auf der Straße verkaufte, ehe es doch noch zur Schule ging und schließlich sogar nach Wales kam. „Leider haben wir nicht genug Spenden, um noch mehr arme Schüler aufzunehmen", sagt er.

Es sei gut, erklärt Richards, dass hier Millionärskinder auf die Kinder der Armen träfen: „Jeder soll sich hier wohlfühlen, keiner muss sich schämen. Wir feiern, wie verschieden die Menschen sind, und lernen daraus."

Denn darum gehe es an den UWCs vor allem: um eine Pädagogik, die jungen Menschen eine Chance zum Austausch mit fremden Kulturen biete und durch die Sozialdienste die Gelegenheit eröffne, etwas Wertvolles für die Gesellschaft zu tun. „Wir behandeln die Schüler hier wie mündige Bürger, und sie honorieren das."

Deshalb legt der Rektor auch Wert darauf, dass die klassischen Fächer wie

Das Kopftuch legt Amina aus Nigeria nur an, wenn sie zum Beten in ihr Zimmer geht. Fotos von der Familie und Freunden helfen gegen das Heimweh

Frühstück unter einer
flämischen Holzdecke:
In der Dining Hall
treffen sich die Schüler
zu den Mahlzeiten –
und tauschen neues-
ten Tratsch aus

Biologie, Mathematik und Sprachen ebenso wichtig sind wie Rettungsschwimmen, Küstenwache oder Altenbetreuung.

Natürlich hoffen die Lehrer, dass die Absolventen ihr soziales Engagement später fortsetzen. Stolz ist er auf ein weltumspannendes Netz ehemaliger Schüler, in dem sich die rund 40 000 UWC-Alumni organisiert haben, um Geld für Stipendien zu sammeln, beim Aufbau neuer Colleges zu helfen und soziale Projekte zu organisieren.

MARIEKE, DIE 17-JÄHRIGE Hamburgerin, wirkt im Moment nicht wie eine Weltbürgerin, sondern sieht einfach nur müde aus. Es ist kurz nach acht Uhr morgens, die erste Unterrichtsstunde: Deutsch. Sie hat gestern Abend noch ihr Musiktherapie-Programm mit den Demenzkranken geplant, anschließend hat ihre palästinensische Mitbewohnerin eine Gutenachtgeschichte aus der Heimat erzählt.

Das Idyll am College wirkt manchmal ein wenig unwirklich. „Seifenblase" nennen die Schüler diese Schulwelt voller Rücksicht und Toleranz, in der sich alle betont schlicht kleiden und ihre teuren Notebooks nicht mit in den Gemeinschaftsraum nehmen, weil es verpönt ist, Reichtum zu zeigen.

Nach den Hausaufgaben kümmern sich die Schüler um ihre zahlreichen Projekte. Auf den Sofas in den Schülerwohnhäusern treffen sich dann die Unterstützergruppen für Amnesty International, UNICEF oder den World Wide Fund For Nature. Andere Collegebewohner lernen Instrumente oder treiben Sport. In den Ferien arbeiten viele bei den Projekten des Ehemaligennetzwerks mit, geben Englischunterricht für arme Kinder in Malaysia oder helfen bei Ausgrabungen in Armenien.

Nicht immer ist es einfach, bei dem Angebot die rechte Balance zu finden zwischen Projektarbeit und Unterricht. Eine Schülerin verhedderte sich in insgesamt zwölf Gruppen, kämpfte für eine saubere Umwelt, Menschenrechte und ein freies Tibet, lernte Instrumente, wurde Vertrauensschü-

Wenn Wilma aus Heide Ruhe zum Lesen braucht, setzt sie sich in eine Fensternische.
Ihr Zimmer teilt die Deutsche mit Mädchen aus den USA, Finnland und England

Drei Fächer absolvieren sie als Leistungskurs. Dazu einen Kurs in „Theory of Knowledge", einem interdisziplinären Fach, das kritisches Denken fördern soll. Auch die Themen „Weltreligionen" oder „Friedens- und Konfliktforschung" stehen zur Wahl.

Nur sieben Schüler, alles Muttersprachler, sitzen mit Marieke in der Deutschstunde von Christian Gülzow. Alle sind hoch motiviert, dauernd hebt sich eine Hand, und eine Antwort wird gegeben, eine neue Frage gestellt. Ein dankbares Arbeitsumfeld für einen Lehrer.

„Ich unterrichte hier nicht, ich werfe den Schülern etwas hin, auf das sie sich sofort stürzen", sagt Gülzow und lacht. Er stammt aus Berlin, hat in Deutschland sein Referendariat absolviert, dann sechs Jahre in Kenia und vier Jahre in Palästina unterrichtet. Ein globaler Lehrer für globale Schüler.

„Die Schüler hier haben durch das International Baccalaureate mehr Freiheiten als in Deutschland, sie können gezielter ihren Interessen nachgehen und Schwerpunkte vertiefen", erzählt er.

Das sei wichtig, denn im Kern gehe es am Atlantic College darum, die Jugendlichen zu kritischem Denken anzuleiten. „Und ich musste erst mal lernen, damit umzugehen, dass hier eine Lehrermeinung sehr oft von den Schülern angezweifelt wird", sagt er.

Wie fast alle Lehrer lebt Gülzow mit seiner Familie auf dem Schulcampus, sein Haus liegt vor dem Schloss. Er und seine Frau sind verantwortlich für die 48 Schüler im angrenzenden Haus, sie verstehen sich als Ersatzeltern und werden von den Schülern „House Parents" genannt.

Jeden Abend um 22.30 Uhr macht Gülzow seine Nachtrunde durch die engen Schülerzimmer, um jeden seiner Schutzbefohlenen mindestens einmal am Tag zu sehen. Oft bespricht er dann noch Projekte und Probleme. Donnerstags laden er und seine Frau häufig die Schüler zu sich ein, es wird gemeinsam gekocht.

Jedes Jahr, wenn die Neuen kommen, arrangieren Christian Gülzow und die

lerin und vergaß darüber schließlich ihr Lernpensum.

Manche Schüler, oft aus asiatischen Ländern, haben umgekehrt nur wenig Lust auf Projekte, die ihnen keine guten Schulnoten einbringen. Ihre Eltern haben sie auf dieses verhältnismäßig günstige Internat geschickt, damit sie später Karriere machen. Der Weltfrieden muss warten.

Marieke genießt ihr Schulleben am Atlantic College, das sie immer wieder animiert, bei neuen Ideen mitzumachen. „Es ist ganz anders als das Gymnasium in Deutschland", sagt sie. Dort war sie frustriert von einer Schule, die sie nicht forderte, wo weder Schüler noch Lehrer Spaß am Unterricht zu haben schienen.

Sie sah eine Fernsehsendung über die United

World Colleges, bewarb sich und wurde nach einem Wochenende voller Gespräche, Wissenstests und Fragen nach sozialem Engagement angenommen. Sie bekam ein Stipendium für einen der etwa 20 Plätze, die in Deutschland pro Schuljahr vergeben werden. Die Höhe der Stipendien werden nach dem Einkommen der Eltern festgelegt.

Marieke beugt sich an diesem Morgen im Deutschunterricht über ein Gedicht von Bertolt Brecht. Sie überlegt, ob sie das Thema Gedichtinterpretation für ihre Abschlussprüfung wählen soll.

Nach den Richtlinien des International Baccalaureates müssen die Schüler sechs Fächer aus den Themenbereichen Mathematik, Literatur, Fremdsprache, Naturwissenschaft und Gesellschaftswissenschaft belegen.

INFO:
Die Deutsche Stiftung UWC vergibt jedes Jahr etwa 20 Plätze für die zweijährige Ausbildung an einem der 13 Colleges. Bewerbungsunterlagen unter: **www.uwc.de** (Frist: 15. Dezember für die dann 15- bis 16-Jährigen)

anderen Lehrer Experimente in kultureller Konfliktlösung. Gerade hat er dafür gesorgt, dass ein Palästinenser und ein Israeli in das von ihm betreute Haus ziehen.

Auf diese Weise will das Atlantic College den großen Konflikt im Kleinen beilegen.

Davon erzählt Yared, ein 18-Jähriger aus Tel Aviv. Er steht am Schwarzen Brett vor dem Speisesaal und überlegt, welches Programm er für den bunten Abend eintragen soll, den die Schüler aus dem Nahen Osten gemeinsam veranstalten wollen. Er wird ihn zusammen mit Palästinensern organisieren. „Früher hätte ich das nicht gemacht", sagt er.

Aber ausgerechnet ein Schüler aus Palästina ist hier sein Freund geworden, und die zwei haben in langen Diskussionen erkannt, dass beide Seiten schuldig seien am Konflikt. „Das konnte ich nur hier erfahren, wo ich ohne Propaganda mit Palästinensern reden konnte", sagt er.

Doch Yared kann seine neue Erfahrung nicht mit den Freunden zu Hause teilen; die sind gerade bei der Armee und würden nie verstehen, dass er jetzt einen Jungen aus Palästina seinen Freund nennt. Und er weiß noch nicht, wie er dem Armeedienst entgehen kann, wenn er zurück nach Israel gehen muss.

Er wisse nur, sagt er, dass er nicht kämpfen wolle in einem Konflikt, der sich nur durch gegenseitigen Respekt lösen lasse.

Vielleicht sieht so einmal einer der „Agenten des Wandels" aus, die das Atlantic College formen will.

NACH DEM ESSEN in der Dining Hall hastet Marieke am Schwarzen Brett vorbei, sie muss zur Musiktherapie mit den Demenzkranken.

Und dann steht sie mit ihrer Gruppe vor sechs alten Menschen, reglos sitzen sie da, wie gefangen in ihrer eigenen Welt.

Marieke räuspert sich, stimmt „You're my sunshine" an, verteilt Rasseln, macht langsame Ansagen. Einige Patienten erinnern sich wieder an Lieder und Rhythmen, singen mit, einige scheinen sich sogar zu freuen.

Riesengelächter, als eine alte Dame Mariekes Musiklehrer einen Klaps auf den Hintern gibt, und dann hält die Hamburgerin die Hand einer Frau, bringt sie sogar dazu, mit ihr ein wenig über Deutschland zu plaudern.

Und einen Augenblick lang sieht es so aus, als sei die Schule doch nicht so weltentrückt, wie sie auf den Besucher manchmal wirkt. □

Der Hamburger **Nicolas Büchse**, 37, wohnte für seine Recherchen eine Woche lang in den alten walisischen Gemäuern. **Marcus Höhn**, 42, fotografiert mit Vorliebe Menschen und Architektur; er lebt in Berlin.

VORSCHAU

ENTSCHEIDUNG UND

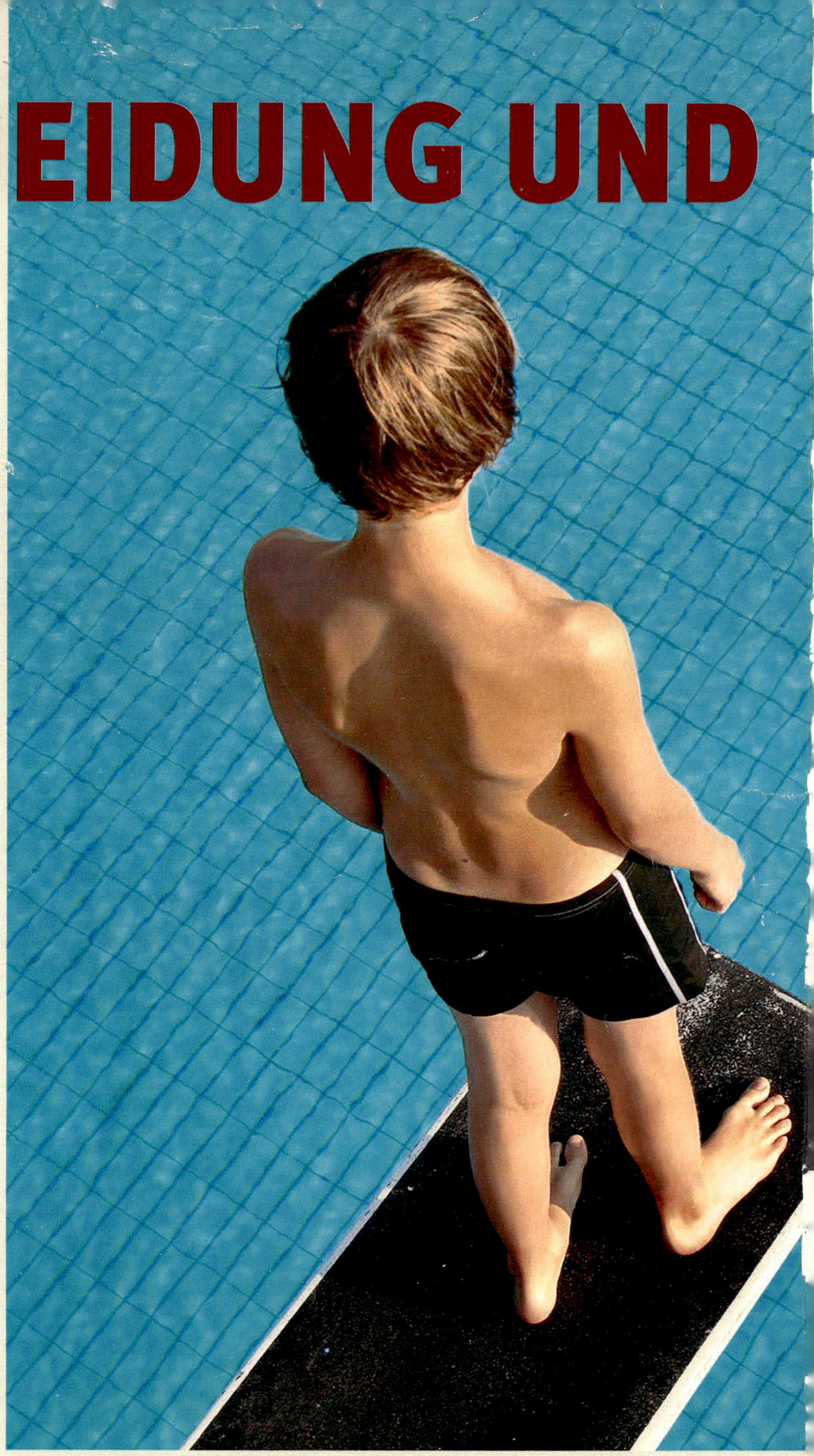

Die nächste Ausgabe von GEO WISSEN erscheint am 12. Mai 2010

Mit dieser Ankündigung – Sie ahnen es – möchten wir schon jetzt Ihr Interesse für das kommende Heft wecken.

Aber wovon hängt es ab, ob Sie am Kiosk dann tatsächlich zugreifen? Ist es allein das Thema? Sind es vor allem die Texte? Oder die Fotos? Oder stehen Sie vor einer wichtigen Lebensentscheidung und hoffen durch die Heftlektüre auf neue Erkenntnisse der Wissenschaft?

Eine Antwort lautet: Je mehr Details es bei einer Entscheidung zu bedenken gibt, desto weniger sollte man darüber nachgrübeln und stattdessen seiner Intuition folgen.

Das klingt paradox. Ist es aber nicht. Weshalb – das ist eines der Themen der nächsten Ausgabe.

Und auch, wie man jene Fallen vermeidet, die Werbestrategen gemeinsam mit Hirnforschern ersonnen haben, um unser Kaufverhalten in bestimmte Bahnen zu lenken. Denn die Experten wissen genau, dass vielen Menschen die Freiheit, etwas auszuwählen, inzwischen mehr und mehr zur Qual geworden ist.

Eines allerdings steht fest: Entscheidungen *nicht* zu treffen, ist häufig die schlechteste aller Alternativen.

Erhältlich im ausgewählten Buch- und Zeitschriftenhandel oder unter www.geo.de

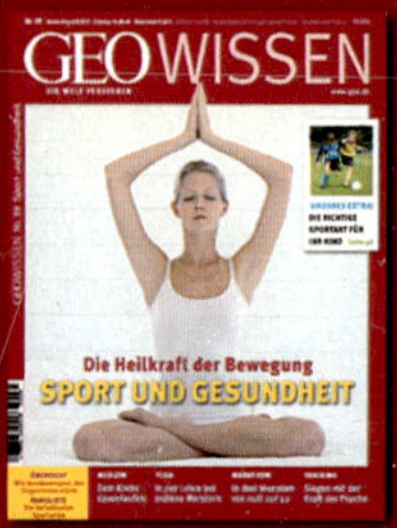

NR. 39

SPORT UND GESUNDHEIT
Natürliche Heilkraft für Körper und Seele

NR. 40

SPRACHE
Wie der Mensch zum Wort kam – und wie es das Denken bestimmt

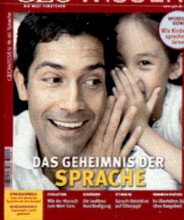